● 民法研究レクチャーシリーズ ●

憲法・民法関係論と公序良俗論

山本 敬三

信山社

は し が き

　昨年（2023 年）12 月のはじめに、大村敦志教授から、「民法研究レクチャー・シリーズ」の一環として、高校生を相手としたレクチャーをお願いできないかというご相談をいただいた。開催の時期は、本年 6 月で、私の担当する日の 1 週間前に、窪田充見教授にもレクチャーをしていただくということだった。大村教授からのご依頼は、基本的にお受けすることにしているため、快諾させていただいた。窪田教授は、京都大学の同期生で、長い付き合いであったこともあり、2 人で連続してレクチャーをさせていただくことができるのも、楽しみだった。もっとも、そのわずか 2 ヶ月後に、あろうことか、窪田教授が急逝され、残念ながら、思い描いていたとおりにはならなかった。しかし、代わりに大村教授ご自身が 1 週間前にレクチャーをしてくださり、私がその後を勤めることとなった。本書は、2024 年 6 月 22 日に、私が担当したレクチャーの記録を収録したものである。

　このレクチャーのテーマである「憲法・民法関係論と公序良俗論」は、大村教授ご自身から示唆をいただいたものである。高校生の中には、さまざまな問題に対する法的な操作にゲーム的な関心を覚える人が少なくないものの、それでよいのか、「研究」あるいは「理論」や「学説」にもっと興味を持ってもらいたい、というお考えによるとのことであった。たしかに、このテーマは、通常の民法解釈論などと異なり、法体系の構成と法の役割を根底から問うものであり、「民法研究レクチャー・シリーズ」の目指すところにかなうものということができる。私自身、かねてからこのテーマについ

て研究を進めてきたものの、ここしばらくは休止状態になっていたこともあり、あらためて考え直すきっかけにしたいと考えて、お引受けをさせていただいた次第である。

　レクチャーの内容は、通常の法学部生にとっては、講義などでくわしく聞く機会がなく、理解するのも容易ではないものかもしれない。しかし、参加してくださった高校生の皆さんは、驚くほどしっかりと理解してくださり、私自身、考えが及んでいなかったところまで、的確に問題提起をしてくださった。あらためて考え直すきっかけを本当に与えていただいたことに、この場を借りて御礼申し上げたい。

　このような貴重な機会を与えてくださった大村教授に、心より感謝を申し上げる。また、レクチャーの実施、記録から出版までご支援いただいた信山社の稲葉文子さん、今井守さんに、厚く御礼を申し上げたい。

　2024 年 11 月

山本　敬三

目　　次

はしがき　(*iii*)

1　憲法・民法関係論の展開とその意義
—— 民法学の視角から ⋯⋯⋯⋯⋯⋯⋯⋯⋯⋯⋯ *3*

I　は じ め に ⋯⋯⋯⋯⋯⋯⋯⋯⋯⋯⋯⋯⋯⋯ *3*

II　憲法・民法関係論 —— 従来の議論状況 ⋯⋯⋯⋯ *17*

III　憲法・民法関係論の新たな展開 ⋯⋯⋯⋯⋯⋯⋯ *24*

IV　憲法・民法関係論の意義 ⋯⋯⋯⋯⋯⋯⋯⋯⋯ *34*

V　終 わ り に ⋯⋯⋯⋯⋯⋯⋯⋯⋯⋯⋯⋯⋯⋯ *51*

2　民法における公序良俗論の現況と課題 ⋯⋯ *55*

I　は じ め に ⋯⋯⋯⋯⋯⋯⋯⋯⋯⋯⋯⋯⋯⋯ *55*

II　公序良俗に関する従来の議論状況
—— 民法典の制定から 1980 年代半ばまで ⋯⋯⋯⋯⋯ *58*

III　公序良俗論の新たな展開
—— 1980 年代半ば以降の状況 ⋯⋯⋯⋯⋯⋯⋯ *72*

IV　民法における公序良俗論の意味 ⋯⋯⋯⋯⋯⋯ *98*

V　終 わ り に ⋯⋯⋯⋯⋯⋯⋯⋯⋯⋯⋯⋯⋯⋯ *105*

3　質 疑 応 答 ⋯⋯⋯⋯⋯⋯⋯⋯⋯⋯⋯⋯⋯⋯ *109*

憲法・民法関係論と
公序良俗論

山本敬三先生のご紹介

　山本敬三先生は、1960年生まれ、1983年に京都大学法学部を卒業、その後今日まで同大学で研究教育にあたられており、同学部の学部長も務められました。山本先生は、2000年代後半から10年ほど続いた債権法改正作業で中心的な役割を果たされる一方で、ドイツ語で論文を書くことによって日本法の国際化にも努めてこられました。

　『民法講義Ⅰ 総則』『民法講義Ⅳ-1 契約』のほか、多数の研究書・論文集がありますが、山本先生と私は、同世代で、かつ研究テーマも近いため、先生がお書きになるものに対して、私は常に大きな関心を寄せてきました。なかでも、1990年代の初めに、「憲法と民法」という問題を提起され、この観点に立って公序良俗論の再編成を図られました。これら一連の研究は、私だけでなく学界に大きなインパクトを与えました。

　本日は、先生の研究に触発されて展開したその後の学説も含めて、現時点でこれまでの議論を総括するお話を伺えるものと期待しています。山本先生は論理明晰な分析をされるので、皆さんは感銘を受けることと思いますが、あわせて、山本先生ご自身の見解の背後にある社会観・法学観についても注意しながら、聴いていただけるとよいと思います。

（大村敦志）

1 憲法・民法関係論の展開とその意義
―― 民法学の視角から

I　はじめに

　はじめまして、山本敬三と申します。民法研究セミナーにお招き
いただき、ありがとうございます。オンライン越しですみません
が、今日はよろしくお願いいたします。

　このように、現役高校生を前にお話をする機会というのは、これ
まで、大学の説明だとか、高校時代に学んでほしいことだとか、そ
のような一般的なお話をする機会が何度かありましたが、法学の専
門的な話をするのは、この年齢になって実ははじめてです。ただ、
最近は、大学の法学部1年生を相手に民法の授業をすることになっ
ていまして、実は今年もそのような授業を京都大学で行っていま
す。大学入試を経ているかどうかという違いはありますが、年齢的
には皆さんとそれほど違いがありませんので、それなりに難しい話
をしても大丈夫ではないかと、勝手に思っています。うまく伝わる
かどうかわかりませんが、おつきあい願えればと思います。

　あらかじめ、資料として、私の法学セミナーの論文（山本敬三
「憲法・民法関係論の展開とその意義 ―― 民法学の視角から (1)(2)」
法学セミナー 646 号 17 頁・647 号 44 頁 (2008 年)）のコピーとパワー
ポイント原稿があると思います。これからお話しする内容は、ほぼ
法学セミナーの論文を敷衍するつもりですが、まったく同じでは、
聞いていただく意味があまりありません。というわけで、2つの工
夫をすることにしました。1つは、適宜、この法学セミナーの論文

に書いていないことを付け加える。もう1つは、書いてあること
でも、その内容をわかりやすくするために、スライドで図解すると
いうものです。かえってわかりにくくなっているのではないかと思
わないではありませんが、とりあえず、ここからのお話は、これか
らお示しするパワーポイントのスライドにしたがって進めていくこ
とにします。

1　前　提
(1) 日本国憲法の概要
　本論に入る前に、前提となることを少しだけお話ししておきたい
と思います。皆さんは、すでにこれまで大村先生の講義を聴いてお
られるので、民法については、かなりイメージを持っておられるで
しょう。憲法の方は、おそらく「公共」という科目で習っていると
思いますし、少なくとも中学でもある程度習っているはずです。し
たがって、日本国憲法の内容は、ある程度ご存知だろうと思います
が、念のため、概要をここにまとめておきました【別紙1】。
　全体として、憲法は、主として、基本的人権に関する事柄と統治
機構に関する事柄を規定しています。今日のお話で取り上げるの
は、基本的人権に関する部分です。
　基本的人権をどのように分類するかについては、憲法学者によっ
ても少し違いますが、おおむね、ここにあげたようなものが基本的
人権として定められています。
(2) 憲法の私人間適用
　次に、もう1つの前提となる事柄として、「憲法の私人間適用」
について、あらかじめ説明しておきましょう。ここに、「憲法の私
人間適用」が問題となる代表的なケースをあげておきました。

① 憲法・民法関係論の展開とその意義

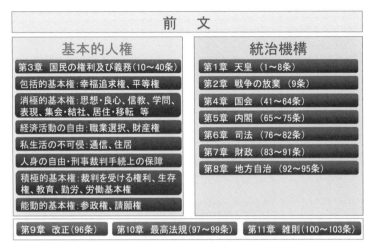

別紙1

(a) ケース1（リュート判決）

ケース1は、日本ではなく、日本の議論のもとになったドイツの代表的なケースで、リュート判決（BVerfGE 7, 198）といいます。

日本と違って、ドイツでは、通常の裁判所のほかに、憲法裁判所があります。これは、法律などが憲法に反しているかどうかを判断するほか、このケースのように裁判所の判決が憲法に反するかどうかを判断することなどを任務としています。

このケースでは、Xが製作・配給している映画甲についてYがボイコットを呼びかけています。この事件が起きたのは、1950年代で、まだ第二次世界大戦が終わってからそんなにたっていません。この時期に、映画監督がナチスの加担者だったとアピールされると、映画の興行に甚大な影響が出ます。つまり、Xの経済活動の自由という基本権が害されることになります。

―ケース1―
　Yは、映画監督Aはナチスの加担者であったとして、Aが制作した映画甲のボイコットを呼びかけた。これに対し、映画甲の製作・配給会社Xが、Yに対してボイコットの呼びかけの差止めを求める訴えを提起した。この訴えが地裁で認められたことから、Yは、憲法裁判所に対し、この地裁の判決に対する異議を申し立てた。【別紙2】

別紙2

　そこで、Xは、地方裁判所に対し、このYによるボイコットを差し止めるよう求めました。地方裁判所は、この訴えを認めて、Yに対して、ボイコットの呼びかけをしないよう差し止める旨の判決を下したわけです。

　しかし、Yの側にも、映画甲の監督Aがナチスの加担者であって、そのような映画を公開することは許すべきではないという意見を表明する自由、日本でいうと表現の自由があります。それが、この地裁、つまり国によって侵害されることになります。そこで、Yは、憲法裁判所に対して、このような差止めは国がYの表現の自由を侵害するものであって、許されないという異議を申し立てた、というケースです。

1 憲法・民法関係論の展開とその意義

(b) ケース 2 (三菱樹脂事件)

もう1つのケース2は、日本で憲法の私人間適用がはじめて問題になった有名な事件です。三菱樹脂事件（最判昭和48年12月12日民集27巻11号1536頁）といえば、法学部の学生で憲法を勉強したことのある学生ならば、必ず習っているはずのものです。

---**ケース2**---

Xは、大学を卒業した後、Yに管理職の要員として3ヶ月の試用期間を設けて採用された。ところが、その期間が満了する直前に、Xが在学中に学生運動に係る活動を行っていたことについて採用試験時の身上書に事実と異なることを記載し、面接でも同様の回答をしていたことが判明し、YはXに対し本採用を拒否する旨の告知をした。これに対し、Xは、Yに対して、労働関係存在の確認を求める訴えを提起した。【別紙3】

別紙3

このケースでは、Xは、Yに3ヶ月の試用期間を設けて採用されています。試用期間というと、お試しのような気がするかもしれませんが、もう労働契約は結ばれています。ただ、特別な理由があるならば、3ヶ月がたったところで、この労働契約を解消する、つまり解雇することができるというだけだと考えられています。

もう1つ説明が必要なのは、「学生運動」かもしれません。この

事件が起きたのは1963年で、Xは、いわゆる60年安保という日米安全保障条約の改定に反対する学生団体や労働組合、市民団体などが国会議事堂を取り囲んで大規模なデモを行うなどの運動に参加していました。当時は、このような事実が知られると、Yのような大手企業には採用してもらえません。そのため、Xは、採用試験や面接時には、学生運動には参加していないとしていました。それが後で判明して、本採用を拒絶というか、解雇されたわけです。

このYによる本採用の拒絶ないし解雇は、Xの政治的な思想・信条を理由とするもので、Xの基本的人権を害する行為に当たります。そこで、Xは、裁判所に対して、このような解雇は許されない、したがって、Yとの労働関係は存在していることの確認を求める訴えを提起したわけです。実際、地裁と高裁は、このXの訴えを認めました。

これに対して、最高裁は、Yにも、経済活動の自由があるのであって、どのような者を雇い入れるかは、原則として自由に決定することができる。したがって、Xの思想・信条を理由として雇うことを拒否することは、直ちに許されないとすることはできないとして、もう一度、審理をし直すよう高裁に差し戻しました。

このように結論は留保していますが、問題のパターンは、先ほどのリュート判決と同じであることがわかるでしょう。Xの基本権を私人であるYが侵害している。そこで、Xが裁判所、つまり国に対して、このYの侵害をやめるよう求める。しかし、裁判所がこのXの訴えを認めると、今度はYの基本権が害されることになる。それが許されるか。どちらのケースでも、このようなことが問題となっています。

（c）直接適用説と間接適用説

このように、私人Xの基本権が私人Yによって侵害されている。このような私人間の紛争について、基本権を定める憲法が直接適用される。そう考えるのが、直接適用説です。

それに対して、憲法が直接定めているのは、私人間の問題ではなく、国と私人というか市民との関係である。国は、市民の基本権を害してはいけない。したがって、憲法は、市民と市民、私人間の紛争には適用されない。これに対して、私人間の紛争の解決は、民法が担当している。つまり、直接適用されるのは、民法である。

ただ、憲法は、基本権を尊重しなければならないという原理・原則に当たるものを定めていることは間違いない。そうした原理・原則は、民法を解釈するときに考慮する必要がある。その意味で、憲法は民法を通じて間接的に適用される。それが、間接適用説といわれる考え方です。

2 憲法・民法関係論の議論状況

前提の説明は、この程度にして、本論に入ることにしますが、最初に、憲法と民法の関係に関するこれまでの議論状況を振り返っておきたいと思います。これは、法学セミナーの論文には書いていないというか、その前提に当たることです。

法学セミナーの最初には、この論文を書いた時から15年あまり前、正確には、1992年の秋ごろのエピソードを書いています。このころ、久しぶりに会った同世代の研究者、これは現在某大学におられる女性研究者のことですが、最近何を研究していますかと聞かれて、「憲法の私人間適用」というと、怪訝な顔をされたという話です。まず、なぜ怪訝な顔をされたかという経緯を説明しておきた

いと思います。

（1）戦後から 1970 年代まで

憲法と私法の関係というと、話は戦後すぐのあたりにさかのぼります。もちろん、ドイツでは、さらに戦前にさかのぼるところはあるのですが、これはきりがないので、さしあたり戦後すぐまでにしておきたいと思います。【別紙 4】

（a）日　本 ── 我妻論文

日本では、日本国憲法が制定された直後から、我妻先生が精力的に新憲法の理念と意義について啓蒙的な論文を出されました。それは、後に、我妻先生の『民法研究』という論文集の第 8 巻、「憲法と私法」という表題を付けられた論文集にまとめられています。

（b）ド　イ　ツ

ドイツでは、ボン基本法が制定された頃から、基本権の第三者効、日本でいう私人間適用に関する議論が始まりました。

きっかけは、ニッパーダイの男女間の同一労働同一賃金に関する論文で、男女同権規定の私人間効力が問題とされました。ニッパーダイはここでいわゆる直接効力説を主張して、彼が後に、連邦労働裁判所の長官になったこともあって、この直接効力説にどう向き合うかが当時の最大の問題となりました。

これに対して、いわゆる間接効力説を主張したのが憲法学者のデューリヒで、1956 年の論文がその代表作です。これを受けて、1958 年に連邦憲法裁判所が先ほどのリュート判決を出して、判例・通説はいわゆる間接効力説で固まることになりました。

（c）日　本 ── 1960 年代以降

日本では、1960 年あたりから、このドイツの状況を紹介する論文が出はじめました。芦部先生の一連の論文は、60 年代半ば以降

① 憲法・民法関係論の展開とその意義

	日　本	ド　イ　ツ
1950	我妻栄『憲法と私法』 （70年、初出48〜54年）	Nipperdey,Gleicher Lohn der Frau für gleiche Leistung,1950
		Dürig,Grundrechte und Zivilrechtsprechung, 1956
1960		連邦憲法裁判所 リュート判決　1958
	芦部信喜『現代人権論』 （74年、初出64〜68年）	
1970	宮沢俊義『憲法Ⅱ（新版）』 （71年）	Schwabe,Drittwirkung der Grundrechte, 1971
	最高裁三菱樹脂事件判決 73年12月12日	

別紙4

に出されたもので、規定によっては直接適用を認めたり、アメリカのステイト・アクション論を採用するという面はありますが、基本的には間接適用説を採用するというものでした。

　1971年には、宮沢先生が、無効力説から間接適用説に改説をされて、このころに通説が確立したとみることができます。

　さらに、1973年に先ほどの三菱樹脂事件判決が出て、これをどう理解するかということについては今なお争いがありますが、少なくとも直接適用説は否定され、間接適用説、ないしは無効力説に近い立場が判例上確立することになります。

(2)　1970年代後半から1990年代まで

(a)　1980年代まで

(ア)　日　　本

【別紙5】その後、日本では、いくつか論文は出るのですが、1980年代後半まで、あまり大きな展開をみせることはありませんでした。

別紙5

(イ) ドイツ

 ドイツでも、状況は似ていて、1971年に、シュヴァーベが、基本権の第三者効力論について、いわゆる防御権的構成、つまり、この場合も私人が他の私人の基本権を侵害しているのではなくて、国家が私人の基本権を侵害している場合に当たるという考え方を主張して、注目は集めたものの、支持が得られないまま終わりました。

 そのほか、1975年に、これは私人間適用とはまったく別の問題についてですが、連邦憲法裁判所が基本権保護義務を認めるという画期的な決定を行いました。これは、刑法の堕胎罪を廃止することが違憲かどうかが争われたケースで、国家は胎児の基本権を保護する義務を負っているとして、堕胎罪の廃止はこの国家の基本権保護義務に反するため、違憲であるという判断を行ったものです。

(b) 1980年代

(ア) ドイツ

 ただ、これはいうまでもなく刑法の規定に関する判断で、私人間

適用論については、従来どおりの議論状況がその後も続きました。この状況を大きく転換したのが、1984年のカナーリスの論文です。カナーリスは民法の専門家です。この論文は、先ほどの基本権保護義務が基本権の第三者効力論にもあてはまることを示した画期的な論文です。さらに、法哲学者のアレクシーも、基本権の理論という大著の中で、これに類する考え方を提唱したこともあって、当時の学界にセンセーションを起こすことになりました。カナーリスはその後も精力的にこの考え方を展開した論文を書き続けて、1990年に、連邦憲法裁判所も、代理商決定で、カナーリスの考え方を採用したのではないかという判断を示しました。判例の理解については、現在も争いがあるのですが、少なくともこの頃に、ドイツでは、「基本権と私法」というテーマが非常に熱いテーマとしてさかんに議論されるようになり、憲法学だけではなくて、民法学でも、基本権保護義務論をベースにした博士論文や教授資格論文が量産されるようになりました。

　(イ)　日　　本

　このような展開を敏感に察知したのが、棟居先生と小山さんで、1980年代の末頃から、一連の論文を発表されました。実は、私が最初にドイツに留学したのはちょうど1990年の春からで、しかも留学先がカナーリスだったということもあって、このようなドイツの動きに触発されたということは否定できません。ただ、正直をいいますと、留学前に、カナーリスの84年論文などは読んでいたのですが、「ふーん」という程度で、あまり関心は持てませんでした。私自身は、法律行為の解釈とか一部無効といったテーマのほか、法学方法論に関心があって、むしろドイツでは動的システム論の論文ばかり読んでいました。したがって、棟居先生の論文も小山

さんの論文も、帰国するまで知らなかったぐらいです。

(3) 1990年代から2000年代まで

(a) 山本論文

【別紙6】ただ、帰国する少し前に、ちょうどアレクシーの基本権の理論を読み出して、これはひょっとすると、カナーリスの仕事とつながるのではないかと思い出した頃から、状況は一変しました。そこで、1992年の春に帰国してからは、ひたすら私人間適用論の文献を読み出しました。ちょうどその頃に、法学セミナーの冒頭に書いたエピソードがあったわけです。当時の民法学者にとって、憲法の私人間適用論を勉強している民法学者は、きっとエイリアンだったでしょう。

ともかく、私自身、何とかこのテーマの論文を発表できたのが、93年の夏ごろです。この論文は、実は、1993年の4月に、京都大学法学会の講演会でいわゆる帰朝報告をした、その講演原稿です。注を除くと、本文はほぼそのままです。講演をした後、先生方の間

別紙6

でも、かなりセンセーションを起こしたようで、佐藤幸治先生など
は、もう思いっきり感激されて、早く論文をまとめろと激励してく
ださいました。

それで急いでまとめたのがこの 1993 年の論文ですが、このテー
マにとっては幸いなことに、ほぼ同時期に、星野先生が、フランス
民法典の位置づけという観点から、民法からみた憲法というテーマ
で研究をされていました。そこで、私の法学論叢の論文をみて、一
方で衝撃を受けると同時に、他方でドイツ型とは違う考え方を早く
周知させないといけないという考えから、法学教室で「民法と憲
法」という特集を組まれました。立場の違いはともかくとして、こ
れで、民法学の側で、このテーマが認知されるにいたったのではな
いかと思います。

(b) その後の展開

その後、私自身、公序良俗論の再構成をはじめとして、一連の論
文を発表したほか、先ほどの星野先生の問題提起を受けて、大村さ
んも民法典の位置づけという観点から、これまた大きな論文を発表
されました。

では、憲法学の方はというと、棟居先生、小山さんの論文がその
後も出されて、徐々に注目が深まりつつあったのですが、それが本
格化したのは、1990 年代の末以降ではないかと思います。君塚さ
んの一連の論文もその中で出たものですし、ほかにも若手研究者の
論文も量産されるようになりました。

さらに、この傾向に火を付けたのが、高橋和之先生で、無効力説
の再評価を熱く説く論文を出されて、大変な状況になりました。

ちょうど私が公法学会にお招きを受けて講演をしたのもその頃
で、議論が白熱化するのに、多少なりとも寄与したのではないかと

思います。その後、中堅・若手研究者がひきもきらずにこのテーマについて論文を書いて、文字どおり文献が爆発的に増えました。

それに対して、民法学の側では、そこまではいかないものの、2003年に法律時報の特集で、吉田克己さん、大村さん、私でミニシンポを行ったりしたほか、その後も、関連するいくつかの論文や特集があったりして、状況は変わってきました。

（c）現　　状

伝統的な公法と私法の二分論を見直し、憲法との関係において民法の意義と役割をどのように理解するか、ひいては法システムの全体の構造と基本原理をどのようにとらえるか。そして、そのような体系的・原理的な理解を背景として、民法で扱われてきた個々の問題 ── 例えば公序良俗や不法行為、消費者紛争・環境訴訟等に関する諸問題 ── がどのようにとらえ直されることになるか。現在では、このような一連の問題について、議論をすること自体、少なくとも違和感を持たれなくなっているのではないか。ただ、そうはいっても、多くの民法学者は、今なお、他人事とはいわないものの、議論の帰趨を静観している。そんなところではないかと思います。

3　問題の限定

さて、今日のところは、この議論、これをさしあたり憲法・民法関係論と呼んでおきますと、これまで、この問題についてどのような考え方が明示または暗黙のうちに主張されてきたか。特に、民法学においてどのような考え方が主張されてきたかということを中心にご紹介したいと思います。ただ、これを平板に紹介するだけではおもしろくありませんので、どこに立場の分かれ目のポイントがあ

るか、そして、そのような議論をすることの意味はどこにあるのか。そのあたりを中心に、お話しをすることとしたいと思います。

4　検討の手順

具体的には、次のⅡで、憲法・民法関係論の従来の、というのは、1990年代に入るころまでの議論状況を紹介します。

次に、Ⅲで、憲法・民法関係論の新たな展開として、1990年代以降の議論の展開を紹介します。

その上で、Ⅳで、以上の憲法・民法関係論で、いったい何が問われているのか、どこに考え方の分かれ目があるかということを、体系面と原理論に分けて整理します。

最後に、Ⅴで、この議論の意義を確認して終わることにしたいと思います。

以下の部分は、基本的には、法学セミナーの内容と重なります。論文を片目でにらみながら、聞いていただければと思います。

Ⅱ　憲法・民法関係論 ── 従来の議論状況

1　異 質 論

まず、1990代に入るころあたりまでは、最初にもふれましたように、憲法と民法の関係は、民法学者にとって、特に論じるべき問題としてとらえられていませんでした。それはなぜかといえば、この当時は ── そしておそらく今でもかなり多くの民法学者にとって ── 、憲法と民法はそもそも異質な法であると理解されていたからです。【別紙7】

その基礎にあるのは、国家と社会の二分論です。それによると、

社会は、市民の自由な活動によって成り立つものであり、国家とは切り離された領域をなす。私法とは、そうした国家とは切り離された市民相互間の自由な活動を規律する社会内部の法であり、民法はその中核をなす。これに対して、それとはかかわりのない国家の活動を規律する法が公法であり、その中核をなすのが憲法である。このように、憲法と民法は、規律の対象を異にし、それに応じて内容も質的に異なると考えられたわけです。

こうした考え方によると、私人間において基本権にかかわる事柄が問題になっても、民法の問題として論じれば足りるし、むしろそうすべきであるということになります。実際、民法の分野では、ローマ以来、私人の複雑な利益を調整するさまざまな規範が制定法や判例などを通じて形成されている。しかも、それらを整合的に整序し、体系化する洗練された民法解釈学の伝統が存在する。こうした営みを通じて高度に発展した民法体系が形成されているのであり、私人間の紛争はこの体系のもとで十分対処できる。したがって、憲法のようないわば新参の、抽象度の高い法をみなくてもやっていける。そこまでいうと言い過ぎかもしれませんが、それに近い感覚があったことは否定できないでしょう。

別紙 7

1　憲法・民法関係論の展開とその意義

2　融 合 論
(1) 我妻栄

　もっとも、戦後の民法総則の教科書などをみてみると、かなり様子が違っていることがわかります。そこでは、民法の理念や思想を語る際に、当たり前のように、日本国憲法の規定や考え方が援用されていました。憲法と民法は、少なくとも理念や思想に関するかぎり、質的に区別されていなかったといってよいでしょう。このようなとらえ方 ── さしあたり融合論と呼んでおきます ── の原型を形成したのは、実は、我妻栄先生でした。【別紙8】

　我妻先生の考え方の基礎にあるのは、次のような近世以来の法発展の理解です。

　それによると、まず、近世の自由主義的法思想のもとでは、個人の身分と財産の関係は、平等な個人の自由な契約によって規律されるべきものとされていた。国家の命令・強制も、各個人のこの自由と平等を保障するために是認されていたにすぎない。

　しかし、その結果、著しい富の不平等という現象が生ずるにいたったため、国家はむしろ、各個人の最小限の文化的生存を保障するために、個人の財産関係や身分関係に積極的に関与するように

別紙8

なった。こうした変化を背景として、私法の指導原理も、自由と平等を基礎としつつも、公共の福祉という理念によって浄化されたものとなる。

こうした「浄化」は、個人の自由、したがってまた国家と個人の関係に関する見方の転換によってもたらされる。それは、個人主義から協同体主義への転換である。ここでいう協同体主義とは、国家を1つの協同体とみる考え方です。この協同体としての国家においては、個人と国家とが有機的に結合した個と全体の関係に立つ。そこでは、個人の自由は、国家全体とともに文化の向上に尽くすべき責務をともなうものであり、国家は個人の自由の発展のために積極的な関与をなすべき責務を負うことになると考えるわけです。

このような協同体主義に立脚する「公共の福祉という理念によって浄化された自由と平等」という原理は、我妻先生の理解によると、まさに日本国憲法の基礎にある考え方にほかならない。つまり、我妻先生によると、こうした原理は、現代における法の根本原理であり、それが憲法によっても民法によっても確認されていると理解されるわけです。これはまさに、そのかぎりで憲法と民法を統合的にとらえる考え方にほかなりません。

(2) 近 代 法 論

憲法と民法の関係についてのこのようなとらえ方は、その後有力に説かれたいわゆる近代法論にも共通してうかがわれます。【別紙9】

近代法論とは、強いてその共通の考え方をまとめるならば、「近代という時代空間を構成する法」があることを認め、それが「近代という時代空間」に属するところに ── 実定法として ── 妥当するという構想です。この構想によると、憲法も民法も、いずれも近

1　憲法・民法関係論の展開とその意義

別紙9

代法を構成する法として統一的に把握されることになります。

　もちろん、この近代法が想定する社会は近代市民社会であり、この近代市民社会を構成する法は市民法、つまり民法です。その意味で、近代法論にとって、民法は ── その内実をどう理解するかについては争いがありうるとしても ── まさに基幹的な意味を持つことになります。

　この近代市民社会は、自由・平等・独立の市民によって構成された社会を意味します。こうした市民社会は、歴史的にいえば、それに対立するもろもろの封建的な関係を解体させることによって実現する。しかし、市民社会が確立するためには、それだけでは足りず、さらに国家権力を市民社会の法にしたがわせる必要がある。市民革命とは、まさにそうした市民社会の法にしたがった国家、つまり市民国家を成立させるものにほかなりません。

　これによると、まさに共通した原理にもとづいて、国家と社会を統合した「市民社会」を構成する法が形成されることになります。それが、近代法だというわけです。

　ここで重要なのは、そうした近代法の基礎に、近代法を構成する

21

基本原理があることが想定されている点です。近代法論の主張の核心は、このような近代法の構成原理が憲法と民法を貫くかたちで存在し、しかも現実に定められた憲法律や民法典の理解を方向づけるところにあります。したがって、これによると、憲法や民法をそれだけで独立に論じたり、両者の関係を問うことにあまり意味はない。重要なのはそうした憲法や民法の基底にある近代法 ──「市民社会」の法 ── の構成原理が何であり、そこからどのようなことが要請されるかであるということになります。

3 規範階層的重層論

【別紙10】以上に対して、憲法と民法の関係を上位法と下位法の関係としてとらえるものもありました。民法も、上位の法である憲法の下にある。したがって、憲法に反しないように解釈されなければならないし、どうしても憲法に反する規定は、改められなければならない。

このように、憲法と民法の関係を規範階層的にとらえるという理解は、民法学者の中では明言する者こそ少ないとはいえ、ある意味では当然の前提とされていたと推測されます。というのは、憲法は

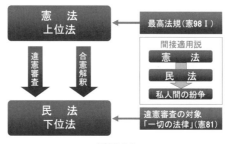

別紙 10

「国の最高法規」であるとされ（憲98 I）、違憲審査の対象とされる「一切の法律」（憲81）に民法（典）が含まれることは否定しようがないからです。憲法の私人間適用に関しても、間接適用説が通説化し、判例も基本的にそれと同様の立場に立つことを明らかにしました。それによると、憲法の私人間適用が問題となる場合には、民法90条をはじめとした私法の一般条項を憲法の趣旨を取り込んで解釈し、適用すべきであるとされます。このような間接適用は、憲法が民法の上位法に当たるということから基礎づけることも可能です。多くの民法学者も、問われるならば、このような理解を否定しなかったのではないでしょうか。

4 民法の脱憲法化

【別紙11】もっとも、以上のような議論があったにもかかわらず、1970年代から80年代にかけて、少なくとも民法の体系書・教科書の中で、憲法との連関をくわしく論じるものは姿を消していきます。特に言及するとしても、当時の民法1条と1条ノ2（現在の1条と2条）が日本国憲法の制定を受けて規定されたことを指摘するにとどまり、憲法についてほとんど言及しないものも多くなりました。こうした傾向は、最初に述べた異質論を前提としつつ、政治的な色あいを持ちうる憲法との連関を払拭し、民法をあくまでも「私法」の枠内に位置づけようとしているという印象が強い。その意味で、これは民法の「脱憲法化」と評することができます。最初に述べた1990年代前半は、まさにこの「脱憲法化」が浸透していた時期だったわけです。

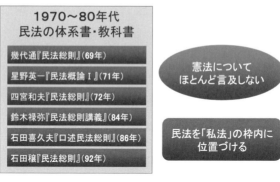

別紙 11

Ⅲ 憲法・民法関係論の新たな展開

　以上に対して、1993年を境として、憲法と民法の関係を新たにとらえ直そうとする一連の試みが登場することになります。

1 憲法基底的重層論 —— 山本敬三

　そのいわば第一陣となったのが、冒頭で紹介した私自身の研究です。そのポイントは、一言でまとめると、憲法と民法は、憲法を基礎に置きつつ、互いに協働しながら、国家・社会の基本法を重層的に構成しているとみるところにあります。これをさしあたり、憲法基底的重層論と呼んでおきましょう。【別紙12】

　この見解は、憲法が —— 社会の基本法であると同時に —— 国家の基本法であることから出発します。そして、そのような国家の基本法である憲法が個人に基本権を認めるという基本決定を行った結果、国家は次の3つの責務を負うことになると考えます。

　第1は、国家の介入禁止です。つまり、国家は、それを正当化

1 憲法・民法関係論の展開とその意義

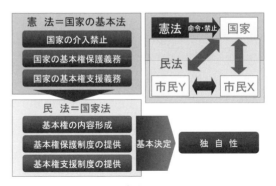

別紙 12

するに足りるだけの十分な理由がないかぎり、個人の基本権を侵害してはなりません。

第2は、国家の基本権保護義務です。つまり、国家は、個人の基本権を他人による侵害から保護するために、積極的な措置をとらなければなりません。

第3は、国家の基本権支援義務です。つまり、国家は、個人の基本権がよりよく実現されるよう、積極的な措置をとらなければなりません。

その上で、この見解は、民法もまた国家法としての性格を持つ以上、国家の基本法としての憲法の拘束を受けることになるとします。これによると、民法は、少なくとも次の3つの任務を有するとされます。

第1は、憲法によって保障された基本権の内容を具体化することです。例えば、「財産権」として各種の物権や債権などを定めることは、そうした基本権の具体化として位置づけられます。

第2は、そうした基本権を他人による侵害から保護するための

制度を用意することです。例えば、不法行為制度や物権的請求権、不当利得制度などは、そうした基本権の保護制度として位置づけられます。

　第3は、基本権をよりよく実現できるように支援するための制度を用意することです。例えば、契約制度や代理制度、法人制度、家族制度などは、そうした基本権の支援制度として位置づけられます。

　もっとも、以上のような基本権の内容形成についても、保護や支援の方法についても、実際にはさまざまな可能性があります。そこでは、憲法によって要請される基本権の保障体制をどのような枠組みで構成し、その内容をどのような方針にしたがって形成するかについて、さらに多くの基本的な決定を行う必要があります。まさにそうした基本決定を私法の領域について行うのが、民法にほかなりません。その意味で、民法には、憲法には尽くされない独自性がある。このように、憲法と民法は、いわば重層的に、たがいに協働しあいながら国家と社会の基本法を構成していると考えられるわけです。

2　並　立　論

　これに対して、ほぼ同時期に、憲法と民法は、共通の基盤を持ちつつも、同格のものとして並立しているとみる考え方が提唱されました。これを、並立論と呼んでおきましょう。

(1) 星 野 英 一

【別紙13】このような考え方は、まず、星野英一先生によって提唱されました。星野先生によると、憲法は国家の基本法、民法は社会の基本法であり、両者があいまって国家・社会の基本構造を構成

1　憲法・民法関係論の展開とその意義

しているととらえられます。

　その際、星野先生が手がかりとするのは、フランス民法典がフランス人権宣言を実現する法律として編纂されたという点です。

　フランス人権宣言というのは、世界史などで習っていると思いますが、フランス革命の初期、1789年にフランスの国民議会によって採択された、フランス革命の理念を示す宣言です。そこでは、人は、生まれながらにして等しく権利を持つ。この権利は、法律や政府によって与えられるものではなく、すべての人間が当然に持っている権利である、という意味で、「自然権」と呼ばれます。

　もう少し補足しておきますと、このような法律や政府、さらには社会においてそもそも人間が作った法を「実定法」、それ以前に存在すると考えられる法を「自然法」といいます。国王や領主が支配する封建社会を打ち壊して、市民の・市民による・市民のための国や社会を作るためには、このような「自然法」による正当化が必要だと考えられたわけです。

　星野先生によると、この人権宣言によって確認された人間の自然

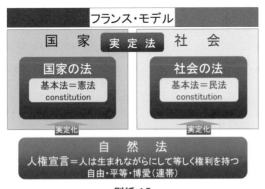

別紙 13

権を、人間相互の関係、つまり社会おいてどのように保護し、その限界をどう画するかということを定めた基本法が民法にほかならない。その意味で、憲法が「国家の基本法（constitution）」であるとすると、民法は「社会の基本法（constitution）」として位置づけられることになります。

　これによると、憲法と民法は並立的にとらえられることになりますが、両者の基礎にフランスの人権宣言に当たるものが考えられている点が重要です。そうした人権、つまり自由・平等 ── さらに星野先生は博愛と連帯を付け加えますが ── という原理が、憲法も民法も超える原理として妥当していることを前提として、それを国その他の公共団体に対して保護するのが憲法、私人に対して保護するのが民法だと考えるわけです。

　このように、憲法と民法は、同じ自然法の原理を実定化したという点で、同質性を持つものとしてとらえられます。しかし、実定法のレベルでは、両者はそれぞれ国家の基本法と社会の基本法として独自性を堅持することになります。そのかぎりで、これは上述した異質論と重なります。それは、ここでも、国家と社会の二分論が前提とされているところからもうかがうことができます。

(2) 高橋和之

【別紙14】憲法学でも、その後、高橋和之先生が、同じように「フランス・モデル」に準拠して、先ほどの憲法基底的重層論、とりわけ基本権保護義務を否定し、憲法の私人間適用について無効力説を主張しています。つまり、それによると、国家が私人間において人権を保護する義務を負うこと自体は認められます。ただ、そこで保護されるべき人権は、あくまでも自然権であり、国家に対して保障される憲法上の権利、つまり基本権ではありえない。むしろ、

1 憲法・民法関係論の展開とその意義

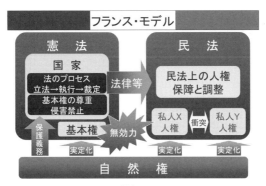

別紙14

　基本権は、もともと私人間では意味を持つものではないのだから、国家の「基本権」保護義務なるものはおよそ観念できない。かりにそのようなものを認めるならば、憲法の射程が私人間にまで広げられ、憲法は「全社会の基礎として社会内のあらゆる関係において妥当すべき法的価値をも宣言したもの」へと変質することになる。それは「近代的な立憲主義の観念を逆転し、憲法・人権が権力をではなく、国民を拘束するものへと転化するモメントを秘めており、看過することのできない重大な意味をもつ」というわけです。

　これによると、私人間の人権の保障と調整は、あくまでも民法が行うこととして位置づけられます。もちろん、国家が民法に関する法律を作って、そうした私人間における人権の保障と調整を行うことはできるし、実際に行われている。しかし、それは国家に対して保障される憲法上の権利、つまり基本権とは関係がない。憲法が定める基本権は、私人間の紛争についておよそ効力を持つものではない。そう考えるわけです。

3 民法基底的重層論
(1) 水 林 彪

もっとも、その後、以上のような並立論が前提としているフランス・モデルの理解には問題があることが、法史学者の水林彪先生によって指摘されています。【別紙15】

それによると、歴史的にみれば、フランスでは、ドイツ型の国家と社会の二元論 —— 政治的国家と脱政治化された経済的市民社会の二元的秩序 —— とは異なり、むしろそのような二元論に相当するものを克服して成立した、経済社会であると同時に政治社会でもあるような市民社会（société civile）——「政治的経済的市民社会」—— が規律の対象とされていた。しかも、フランス革命の初期、1789年人権宣言と1791年憲法の段階では、人権宣言と憲法がこの意味での市民社会に妥当する全法体系の根本法として位置づけられていたのに対して、フランス革命の後期というか、ナポレオンが権力を掌握するようになった後の1804年憲法および民法典の段階になると、民法典が全法体系の根本法として位置づけられ、憲法はむ

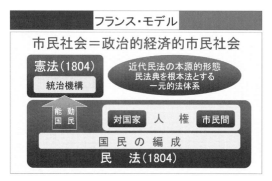

別紙15

しろその特別法としての位置を占めるにすぎなくなる。つまり、民法典は、全社会関係 —— つまり、国家と諸個人との関係および諸個人間の関係の双方 —— に妥当すべき人権を定めるとともに、—— その第1編にフランス国民の資格要件（国籍）と国民身分証書に関する規定を含むことからわかるように —— 政治社会の基本となる全国民の編成も規定するものとして理解される。それに対して、憲法は、そのような国民の一部である —— 国政に能動的にかかわりうる —— 能動国民による統治機構の形成に関する法に限定されることになったわけです。

このように、フランスでは、「全てのフランス国民に妥当する、フランス国民のあり方の根本を定めた、比類なき法典」が民法典だったのであり、そこに「近代民法の本源的姿」がある。まさにこのような「民法典を根本法とする一元的法体系」こそが、本来フランス・モデルといわれるべきものだったのではないか。先ほどの星野先生や高橋先生のいう並立論は、国家と社会の二分論にとらわれたために、民法を脱政治的な「市民社会」 —— 市場経済的市民社会と非市場経済的市民社会からなる —— の法として理解するにとどまった、というわけです。

もちろん、その後、19世紀から20世紀にかけて、憲法の中に基本的人権のカタログが定められ、さらに違憲審査制を有するようになると、以上のような民法典を根本法とし、憲法をその特別法とする考え方 —— これをさしあたり民法基底的重層論と呼んでおきますと、これを —— をそのままのかたちで維持することはできなくなってくる。実際、フランスでも、第二次世界大戦後、このような理由から、憲法が根本法としての地位を復権しはじめ、民法が相対的に後景に退きはじめていることが指摘されている。現在では、憲

法とともに、民法もなお全法体系の根本法の地位を占めているということはできるものの、その中ではむしろ憲法が根本法の首座を占めるにいたっている。しかし、フランス・モデルのもともとの姿は、ここに示したようなものであった、というのが水林先生の理解です。

(2) 大 村 敦 志

同様の事情は日本にもあてはまるものの、それでもなお、現代の日本において、意識的に民法基底的重層論に近い立場を主張するものもあります。「シビル」の再生を説き、「共和国」を実現する法として民法をとらえることを提唱する大村敦志先生の見解がそれに当たります。【別紙16】

大村先生もまた、「市民社会」を、市場はもちろん、非営利活動 ── いわゆる公共圏 ── のほか、さらに「市民相互の関係を調整するための規範を市民自身が創出する」場面 ── その意味での政治の領域 ── も含むものとして理解します。「市民（citoyen）」とは、本来、個人の領分の保障を求めると同時に、公共の空間において他者とともに活動し、この公共空間の存立にも一定の責任を負うものである。「シビル（civil）」とは、このような両面性を持った人間のあり方を指す言葉なのであり、そのような意味での「シビル」を再生させることが必要だというわけです。

大村先生がこのような問題提起をするのは、現在、都市化の進行によって、人と人との絆が解体され、「国家」による後見的な介入にゆだねるのがよいのか、「個人」ないしは「市場」にゆだねるのがよいのかという困難な二者択一を迫られているためです。国家に対する過度の依存は、その負担の増大を招くとともに、国家に対する監督の懈怠は、その非効率を許すことになる。しかし、すべての

1　憲法・民法関係論の展開とその意義

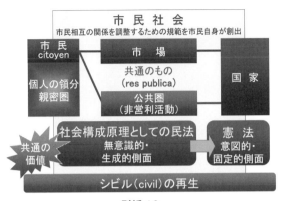

別紙 16

規範を除去して、「私」の領域にゆだねれば、そこに生ずるのはアノミー ── 社会解体期に見られる行為・欲求に対する無規律状態 ── でしかない。むしろ必要なのは、市民社会が自己規律の規範を持つことであり、「民法」を持つということは、まさにそのことにほかならない。このような意味で、大村先生は、「民法」を持つという「思想」 ── それは私人間の関係を権利義務を中核として構成される法規範によって規律するということそのものの正統性を主張することにほかなりません ── をあらためて意識的に選択することを呼びかけるわけです。大村先生は、こうした考え方を「社会構成原理としての民法」と呼んでいます。

ここからもわかるように、大村先生は、有形無形のさまざまな制約を除去して、個人の活動の領域をひろげるだけでは、社会は社会として存立し続けることができないと考えます。社会の存立を確保するためには、「ある種の共通価値」、「一定の凝集力」を社会の内部にセットする必要がある。そこで、「個人の多様なあり方を許容

しつつ緩やかな統合を保った社会（自由にふるまいつつ他人への配慮を失わない個人からなる社会）」をめざすために、民法に体現されているものの考え方 ── 個と共同性の双方に配慮しつつ社会のあり方をともに模索するという考え方 ── をあらためて選び取ろうというわけです。そうした「共通のもの（res publica）」をふまえた社会のあり方（人間のあり方）を「共和国」というのなら、民法はまさにこの意味での「共和国」を実現する法として位置づけられることになります。

　以上のかぎりでは、大村先生の考え方は、民法基底的重層論と評することもできそうです。ただ、大村先生は、憲法を民法の特別法や下位法とみているわけではありません。むしろ、憲法と民法は重なり合うことを認めた上で、それぞれ役割を異にするとしています。市民的自由に関していえば、民法は、日常生活の中の個別の争いを解決することを通じて、新たな法のルールを少しずつ発展させることを役割とするのに対して、憲法は、より長い時間の流れの中で人権のリストを書き換えていくことを役割とする。また、社会を構成する原理は、人為的であると同時に伝統的なものである。憲法は、前者の意図的・固定的な側面に対応するのに対して、民法は後者の無意識的・生成的な側面に対応する。民法レベルでの法形成の積み重ねが、やがては憲法レベルでの法形成へとフィード・バックされてゆく。大村先生がイメージする両者の関係は、このようなものとみてよいでしょう。

IV　憲法・民法関係論の意義

　ここまで、憲法・民法関係論に関するこれまでの見解をひととお

1 憲法・民法関係論の展開とその意義

り紹介してきました。次に、このような議論の意義がどこにあるかということをみていくことにしましょう。

【別紙17】もう一度確認しておきますと、1990年代に入る頃までは、憲法と民法は異質であるという異質論、憲法と民法を融合して理解する融合論、憲法が上位、民法が下位にあるとする規範階層的重層論がみられました。

それに対し、1990年代以降は、憲法が基本にあり、民法がそれを具体化しているという憲法基底的重層論、憲法と民法はいずれも自然法を実定化したものとして並立しているという並立論、むしろ民法が基本にあり、その特別法ないし固定化したものとして憲法があるという民法基底的重層論が主張されています。

問題は、これらの諸見解は、いったいどこがどう対立しているのかです。【別紙18】

ここでは、さしあたり、2つの観点、1つは、体系論、つまり憲法と民法の関係という体系構成の論理構造、もう1つは、原理論、

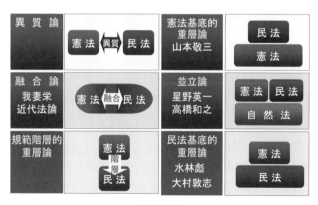

別紙17

別紙 18

つまりその基礎に置かれている原理に分けて、対立のポイントを分析し、議論の意味を明らかにしていくことにしましょう。

1 体系論の側面

まず、体系構成の論理構造に関していうと、次の3つの問いが立場の分かれ目になっていると考えられます。

第1は、国家と社会を二分するか。つまり、国家・社会二分論を前提とするかどうか。

第2は、かりに二分するとして、憲法は国家、民法は社会を規律の対象にしているとみるか。つまり、憲法と民法の規律の対象は何か。

第3は、かりに憲法が国家、民法が社会を規律の対象にしているとして、両者は無関係か。つまり、憲法と民法の関連をどう理解するか、です。

(1) 異質論・階層論・並立論

【別紙 19】最初に紹介した異質論は、国家と社会を二分する。そして、憲法は国家、民法は社会を規律の対象とする。その上で、両者は異質で無関係であるとみる見解です。そのかなめになっている

36

1 憲法・民法関係論の展開とその意義

のは、社会を経済社会を中心とした脱政治的な市民社会とみて、国家と対置するという考え方です。国家を対象とする憲法、この意味での社会を対象とする民法が無関係であるとされるのも、そのためです。

もっとも、第1の国家・社会二分論、第2の規律の対象についてはこれと同様に考えるとしても、第3の両者の関連性についてこれとは違った考え方をする可能性もあります。

【別紙20】その1つが、規範階層的重層論です。これは、「規律の対象」とは別に、「規律の主体」に着目します。たしかに、民法は、社会を規律の対象とする。しかし、そのような規律を国家が行うのであれば、国家を規律の対象とする憲法が妥当することになる。このようにして、民法もまた、国家が規律の主体となるかぎりで、憲法の拘束を受けると考えるわけです。

【別紙21】もう1つは、並立論です。これは、「規律の対象」でいう「規律」の意味を実定法レベルでとらえ、その背景というか基礎にある自然法のレベルで憲法と民法を架橋しようとします。いず

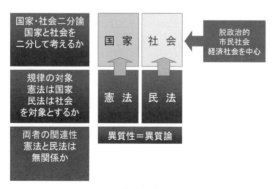

別紙 19

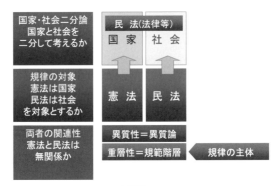

別紙 20

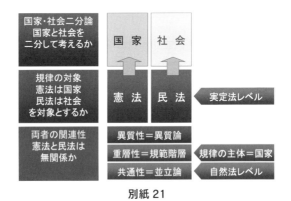

別紙 21

れも同じ自然法を実定法化したものとみることにより、その限度で両者を同質的なものとみるわけです。

(2) 我妻融合論

これに対して、第1の国家・社会二分論は同様に考えるとしても、第2の「規律の対象」について違った考え方をする可能性もあります。融合論のうち、我妻先生の考え方 —— 及び近代法論の

1 憲法・民法関係論の展開とその意義

一部も —— がこれに当たります。【別紙22】

　まず、我妻先生も、ひとまず国家と社会を二分し、国家・社会二分論を採用しています。しかし、その上で、第2の「規律の対象」について、憲法は、国家だけでなく、社会を対象とする規律も定めていると考えるわけです。このように、憲法の中に私法に関する事柄が定められる可能性があることは、ドイツで第一次世界大戦後にできたワイマール憲法が示しているとおりです。そこには、有名な「所有権は義務づけられる」という規定のほか、契約自由、家族制度、相続権をはじめ、それまで私法の問題と考えられていた多くの事柄が規定されています。我妻先生は、すでに戦前からこれに注目し、日本国憲法に同様の潮流を見て取ろうとしたわけです。

(3) 民法基底的重層論

　以上に対して、そもそも第1の国家と社会を二分して考えるかという点について違った考え方をする可能性もあります。

　まず、民法基底的重層論 —— 及び市民社会の法一元論を前提とする近代法論の一部も —— がこれに当たることは、いうまでもあ

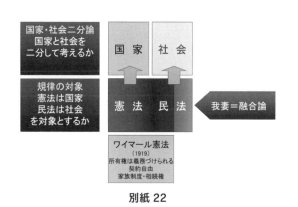

別紙22

りません。【別紙23】それによると、それまでの国家と社会の二元論は、政治的国家と脱政治化された経済的市民社会の二元的秩序として「国家」と「社会」をとらえるというドイツ型の考え方である。しかし、「近代民法の本源的形態」を示すフランス民法典が規律の対象としていた「市民社会」は、そのような意味での「社会」ではなく、経済社会であると同時に政治社会でもあるような「政治的経済的市民社会」だった。このような理解を基礎とするならば、もはや第2の「規律の対象」及び第3の「両者の関連性」という問題は意味をなさず、そうした「政治的経済的市民社会」を規律の対象とする民法が、全法体系の根本法として位置づけられることになります。そして、憲法は、その特別法として、能動市民が統治機構に参加する側面に関する法として位置づけられる。つまり、民法を基礎として、民法と憲法は重層的にとらえられることになります。

(4) 憲法基底的重層論

このほか、憲法基底的重層論も、実は、第1の国家と社会の関

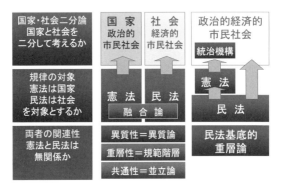

別紙23

係について以上と違った考え方をしています。【別紙24】この見解のポイントは、国家と社会の関係を個々の市民の側から分析し、国家と市民Xの関係、国家と市民Yの関係、市民Xと市民Yの関係に分解するところにあります。これによると、「社会」に相当するのは、市民Xと市民Yの関係です。しかし、そこでも、例えば市民Xの基本権が市民Yから侵害を受けたときは、国家が市民Xの基本権を市民Yの侵害から保護する義務を負うと考えれば、これは国家と市民Xの関係の問題となる。さらに、国家がそのような保護を与えるならば、市民Yの基本権が国家によって制限される以上、これは国家と市民Yの関係の問題となる。これはいずれも、国家を対象とする法、つまり憲法の問題にほかならない。このようにして、社会の法を ── 部分的に ── 国家の法に還元することにより、憲法の適用を基礎づけようとするのが、憲法基底的重層論です。

(5) 高橋並立論

実は、高橋先生の並立論も、単純な国家と社会の二分論を前提としていないと考えられます。【別紙25】高橋先生も、国家と市民の

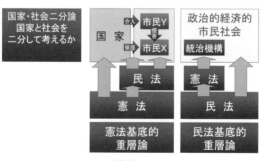

別紙24

関係、市民相互間の関係というように分析的に考えて、憲法は、国家及び国家と市民の関係を規律する。それに対して、民法は市民相互間の関係を規律する法律である。そう考えています。ただし、高橋先生の場合、憲法レベルでは、国家に基本権保護義務は認められないので、私人間について法律を定めるときでも、国家がその法律によって市民Yの基本権を侵害してはならないという制約のみが憲法から出てくることになります。いずれにしても、高橋先生の並立論は、星野先生の並立論と違って、単純な国家と社会の二分論を採用しているのではなく、むしろ憲法基底的重層論と同じようなものの見方を採用しています。

(6) 憲法観の相違

以上をもう少し立ち入って考えてみると、実は、憲法というものをどのようにみるかというレベルで、考え方に違いがありそうです。具体的には、大きく分けて、3つの考え方があると考えられます。【別紙26】

第1は、国家の内部に国家の法があり、憲法はその最上位に位置づけられるというものの見方です。これを国家内部法としての憲

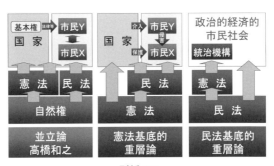

別紙25

1　憲法・民法関係論の展開とその意義

法観と呼んでおきます。最初の異質論がそうですし、星野先生＝並立論もこれです。さらに、規範階層的重層論も、国家法の中の上位法が憲法、下位法が民法というものの見方をするので、この系列に属します。

第2は、市民社会の法として、憲法と民法があるというものの見方です。もちろん、ここでの市民社会とは、国家を含めたものです。そうした市民社会が自ら作り出した法が憲法であり、民法であると考えるわけです。明白なのは、近代法論と水林先生の民法基底的重層論です。大村先生も、おそらくこの系列です。我妻先生＝融合論はよくわからないのですが、どうもこの系列と考えられます。

第3は、国家を構成する法として憲法をとらえるというものの見方です。これは、国家を作り上げ、その国家を規定する根本的な禁止・命令を憲法が定めるという考え方で、おそらく、憲法学者の通常の憲法観はこれだと思われます。いうまでもなく、私の憲法基底的重層論はこれですし、高橋先生＝並立論もこれです。これによると、民法は、国家が法律として、ないしは裁判官法として定める

別紙 26

かぎり、この憲法による拘束を受けることになります。ところが、このような憲法の見方がどうも民法学者には共有されていないのではないか。実は、そこにこそ問題の中心があるのではないかという気がしています。

2　原理論の側面

ただ、以上のような整理をしただけでは、憲法・民法関係論が何か形式的な体系構成の仕方のみを問題としていて、実質的な違いや意味は乏しいのではないかという印象を持たれるおそれもありそうです。しかし、各見解を紹介したところからもうかがえるように、これらの見解の多くは、憲法と民法の関係を問題とすることにより、民法のあり方 ── その存在意義と基本原理 ── を方向づけようという実践的な意図を持っていると考えられます。

(1)　我妻融合論・憲法基底的重層論

【別紙27】このような実践的な意図がもっとも先鋭にあらわれているのが、融合論のうち我妻先生の考え方と私の主張する憲法基底的重畳論です。両者は、体系構成の論理構造は異なるものの、憲法を手がかりとすることによって、民法のあり方を規定しようとしている点に違いはありません。違いは、憲法の理解、したがってまたそれによって民法にもたらそうとするものにあります。

我妻先生が目指していたのは、「公共の福祉のための個人的自由と全体的平等の調和」が今日における私法の基本原理となっていることの基礎づけです。我妻先生によると、この調和は、国家と個人の関係に関する見方の転換 ── 個人主義から協同体主義への転換 ── によってもたらされます。我妻先生は、まさにそのような転換を日本国憲法の中に読み取り、それを新しい時代における民法の

1　憲法・民法関係論の展開とその意義

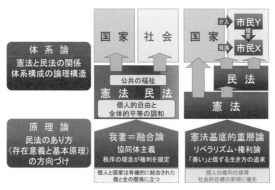

別紙 27

出発点にすえようとしたのです。

　これに対して、私の主張する憲法基底的重層論は、日本国憲法は、我妻先生のいうような秩序論に基づく協同体主義 ── 個人と国家は有機的に結合された個と全の関係に立つと考え、秩序を支配する理念が同時に権利のあり方をはじめから規定するとみる考え方 ── を採用するものではない。日本国憲法は、その13条を通じて、リベラリズムの思想 ── 個人個人が自己のアイデンティティーを求めつつ、自ら「善い」と信ずる生き方を等しく追求できることが何よりもまず保障されねばならないという考え方 ── の採用を宣言していると理解します。これはまさに、個人の権利を保障することに他の社会的な目標の実現に優先する価値を認める立場、つまり権利論の考え方と重なります。私が先ほどのような体系構成の基礎づけを試みるのは、それにより、このようなリベラリズムの思想に立脚した権利論の考え方によって民法のあり方が枠づけられることが正当化されると考えるからです。

(2) 星野並立論・高橋並立論

これと似た対立の構図は、自然法によって憲法及び民法のあり方を枠づけようとする並立論の中にもみてとることができます。そこでも、ポイントは、自然法の理解、したがってまたそれによって民法にもたらそうとするものにあります。

【別紙 28】先ほど説明したように、並立論の中でも、高橋先生が自然法として理解するのは、自然権としての人権です。高橋先生によると、国家は、そのような自然権としての人権を保護する義務を負い、民法という法律は、私人間におけるそのような自然権としての人権を調整・保障することを目的とするものとして位置づけられます。たしかに、そこでは、「憲法上の人権」としての基本権は問題にされません。しかし、「私人間における人権保障は民法を中心とする私法によりなされる。ゆえに、私法の解釈は人権価値に適合的になされねばならない。」といわれるとき、そこには先ほど述べた権利論と同様の考え方をうかがうことができます。この点に着目すれば、私の主張する憲法基底的重層論との違いは、見かけほど大

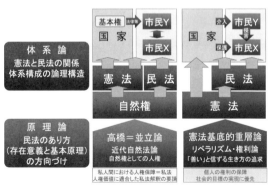

別紙 28

[1] 憲法・民法関係論の展開とその意義

きくないわけです。

【別紙29】これに対して、並立論の中でも、星野先生が自然法として理解するのは、フランス人権宣言に示された自由と平等だけではありません。星野先生自身、博愛と連帯という価値もそれと並べてあげています。もともと、星野先生は、自然法論者として知られていますが、そこで説かれていた自然法の内容は「アリストテレス＝トマス・アクィナス的な自然法論」に相当するものとされていました。これは、事物の中に一定の正しい価値秩序が内在していると想定し、理性的存在としての人間にそうした価値秩序にしたがった行動をとることを命ずるものです。自然法の内容がそのように理解され、それによって民法が方向づけられるとするならば、それは権利論とは異なり、むしろ我妻先生が目指した秩序論の考え方につらなるといってよいでしょう。

(3) 近代法論・民法基底的重層論
(a) 近代法論

【別紙30】近代法論や民法基底的重層論では、近代法ないし

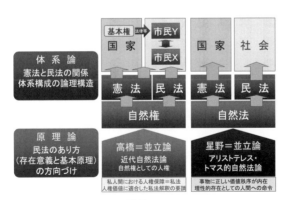

別紙29

——一元的に理解された——市民社会の法によって憲法及び民法のあり方が枠づけられることになります。そこでも、やはりポイントとなるのが、そうした近代法ないし市民社会の法をどのように理解するかです。

　近代法ないし市民社会の法の基本原理が、市民の自由と平等の保障にあるとみるのであれば、そのかぎりで、先ほど述べた権利論を基礎とする立場と基本的に異なりません。しかし、現代では、市民相互間の対等性が失われ、強者による弱者の搾取が行われていることから、そうした弱者を保護すべきであると考えるならば、福祉国家的な介入が「現代法」の課題として認められることになります。そのような近代法から現代法への変容を基礎づけるために、社会国家的な秩序論に相当するものが援用される可能性が出てきます。

　また、市民の権利を保障するという近代法ないし市民社会の法の中核部分を堅持するとしても、そこでいう権利を所有権のような支配権に相当するものとみるかぎり、例えば環境や競争に関する問題に対処しきれません。環境そのものを個人に排他的に帰属するもの

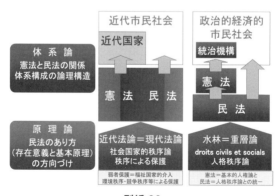

別紙 30

とみることはむずかしく、自由競争を旨とする市場で、個々の取引ないし取引の相手方を排他的に確保することは認められないからです。そこでは、権利による保護を補完するものとして、秩序 ── 環境秩序や競争秩序等 ── による保護を認める可能性が構想されることになります。

（b）水林重層論

実は、水林先生の重層論も、結論としては、同じ方向です。水林先生は、「近代民法の本源的形態」はこのフランスモデルだというのですが、これは、「土地所有者を中心とする市民オイコス経済社会に照応的なものであり、民法が、今日のようなきわめて発達した資本主義経済社会における一元的法体系の中心に位置する根本法たるためには、権利論において質的飛躍 ── droits civils から droits civils et socials へ ── が必要になろう」といわれます。これは、結局のところ、現代法論のいうところと重なります。

また、水林先生は、民法中心の法体系一元論と憲法が「国の最高法規」であることととをどのように調和させるかと問い掛けた上で、「問題解決の方向は、憲法次元の基本的人権論と広中体系における人格秩序論ないし人格権論との統一」であるように思われるとされます。これも、なぜかよくわからないのですが、先ほどの秩序による保護を志向する考え方につらなる可能性があります。

（c）大村重層論

【別紙31】大村先生が、民法を持つことの意味を強調し、民法を「共和国」を実現する法として位置づけようとするのは、このような権利論と秩序論の架橋をはかろうとしたものと受けとめることもできます。先ほど紹介したように、大村先生がめざすのは、「個人の多様なあり方を許容しつつ緩やかな統合を保った社会（自由にふ

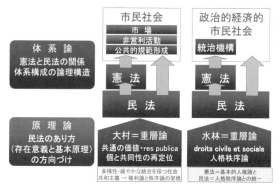

別紙31

るまいつつ他人への配慮を失わない個人からなる社会）」であり、しかもそうした「市民社会」は、市民自らが能動的に参加することによって創り出されるものです。そこでは、個々の市民は、自由で独立した主体でありつつ、「共通の価値」を自覚し、「共通のもの（res publica）」に参与するものとしてとらえられます。これは、西欧社会にいわば通底する共和主義の考え方に対応します。こうした共和主義においては、権利と秩序は対立したものではなく、いずれも他方を前提としてはじめて意味を持つものとしてとらえられます。大村先生が「個と共同性」の再定位を課題とするのは、このような共和主義の考え方にしたがって権利論と秩序論を架橋し、自立した市民の統合を可能にするためであるとみてよいでしょう。

【別紙32】もっとも、ひとくちに共和主義といっても、歴史的にみても、また国によっても、その意味するところには相当大きな偏差があります。実際、上述した我妻先生や星野先生の考え方も、共和主義に属するとみることも不可能ではありません。共和主義が志向する「共通価値」のとらえ方によっては、秤は秩序論に大きく傾

1 憲法・民法関係論の展開とその意義

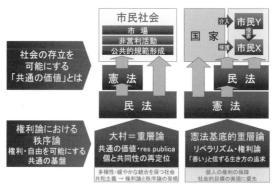

別紙32

くでしょう。逆に、リベラリズムにおいても、権利や自由を可能にする共通の基盤が不可欠であり、その保障をどの範囲でどのようにはかるかが問題となります。それが、権利論における「秩序」の課題であるということもできるでしょう。はたして社会の存立を可能にするものをどこに求めるか。問われるべきは、そこにあるわけです。

V　終わりに

それでは、さしあたり「終わりに」として、以上の議論の意味を確認しておきます。【別紙33】

憲法と民法はどのような関係に立つか。現在では、このような問いを立てることは不思議に感じられなくなったかもしれませんが、今なお違和感をもってながめています人は少なくないでしょう。それは、途中でもふれたように、民法の脱憲法化が進められ、異質論に相当する考え方が広く深く浸透しているからだと考えられます。

別紙 33

今日のお話の実践的な意図は、そのような状況を打開するところにありました。

　憲法・民法関係論は、体系編成の論理構成を議論しながら、実は民法の存在意義や基本原理を方向づけることをめざしています。もちろん、その方向は論者によってさまざまであるとしても、現代における民法のあり方を根底から見直そうとしていることに変わりはありません。そのような問いが突きつけられていることが理解されたのであれば、今日のお話の目的は達成されたというべきでしょう。

参考文献
我妻栄「新憲法と基本的人権」同『民法研究Ⅷ 憲法と私法』（有斐閣、
　　1970 年、初出 1948 年）89 頁
我妻栄「民主主義の私法原理」同『民法研究Ⅰ 私法一般』（有斐閣、
　　1966 年、初出 1949 年）1 頁
我妻栄「基本的人権」同『民法研究Ⅷ 憲法と民法』（有斐閣、1970 年、
　　初出 1954 年）
山本敬三「現代社会におけるリベラリズムと私的自治 ── 私法関係における憲法原理の衝突（1）（2）」法学論叢 133 巻 4 号 1 頁・5 号 1 頁

①　憲法・民法関係論の展開とその意義

（1993 年）

星野英一『民法 —— 財産法』（放送大学教育振興会、1994 年）5・52 頁

星野英一「民法と憲法 —— 民法から出発して」法学教室 171 号（1994 年）6 頁

大村敦志「民法と民法典を考える」同『法典・教育・民法学 —— 民法総論研究』（有斐閣、1999 年、初出 1996 年）1 頁

山本敬三『公序良俗論の再構成』（有斐閣、2000 年、初出 1995 〜 99 年）

大村敦志『民法総論』（岩波書店、2001 年）

山本敬三「基本権の保護と私法の役割」公法研究 65 号（2003 年）100 頁

高橋和之「『憲法上の人権』の効力は私人間に及ばない —— 人権の第三者効力論における『無効力説』の再評価」ジュリスト 1245 号（2003 年）137 頁

吉田克己＝山本敬三＝大村敦志ほか「小特集 シンポジウム：憲法と民法」法律時報 76 巻 2 号（2004 年）50 頁以下

広中俊雄『新版民法綱要・第 1 巻』（創文社、2006 年）1 頁以下・3 頁以下・22 頁以下

大村敦志『民法 0・1・2・3 条 ——〈私〉が生きるルール』（みすず書房、2007 年）

水林彪「近代民法の本源的性格 —— 全法体系の根本法としての Code civil」民法研究 5 号（2008 年）1 頁

山本敬三「憲法・民法関係論の展開とその意義 —— 民法学の視角から（1）（2）」法学セミナー 646 号 17 頁・647 号 44 頁（2008 年）

高橋和之「私人間効力論再訪」ジュリスト 1372 号（2009 年）148 頁

② 民法における公序良俗論の現況と課題

I　は じ め に

1　問題の所在

(1)「憲法・民法関係論」の各論としての「民法における公序良俗論」

今日の前半でお話しした「憲法・民法関係論」は、非常に抽象的な話に終始していました。これだけでは、実際にどのような意味を持つのか、わからないでしょう。そこで、今日の後半では、その1つの具体的なあらわれとして位置づけられる問題として、「民法における公序良俗論」を取り上げることとします。

ただし、前半では、わかりやすくしようとして、図解を試みましたが、どうもかえってわかりにくくなってしまったのではないかと思いましたので、後半は、普通の文字によるレジュメを用意しました。内容は、私の昔の論文（山本敬三「民法における公序良俗論の現況と課題」同『契約法の現代化 I —— 契約規制の現代化』（商事法務、2016年、初出2005年）96頁）をベースにしていますので、それを横目でにらみながら、お聞きいただければと思います。

(2)「民法における公序良俗論」とは

さて、「公序良俗」というと、何となく「いかがわしい」、「そんなもののいったいどこが問題なのか」と思われるかもしれません。そこで、最初に、これがどうして問題とされなければならないのかということを簡単にお話ししておきたいと思います。

民法で公序良俗という言葉が出てくるのは、民法90条です。それによると、「公の秩序又は善良の風俗に反する法律行為は、無効とする」と規定されています。

　(a) 「法律行為」

　法律行為というのは、契約や遺言、団体の設立行為などを指す一般的な概念です。以下では、だいたい契約を指すと考えてお聞きいただければと思います。

　(b) 「公の秩序又は善良の風俗」

　このように、「公の秩序又は善良の風俗」、略して公序良俗に反する法律行為は無効だといっても、いったいどのような場合が公序良俗に当たるのかということは、民法の条文には書いていません。

　そこで、この点については、すでに民法典が制定された当初、明治30年前後の頃からさかんに議論されてきました。そこでは、私的自治や契約自由、つまり市民は自分たちの法律関係を自由に形成することができる、自由に契約することができるという原則との関係で、公序良俗をどう理解するか。さらにいうと、個人の権利や自由と国家・社会の秩序との関係をどう理解するか。そうした根本的な問題にかかわる事柄が問題とされました。

　(3) 公序良俗問題の変遷

　しかも、この公序良俗については、1980年代後半から90年代にかけて、それまでとは少し違った現代的な問題が出てきました。

　公序良俗というと、かつては人身売買だとか、妾契約だとか、古色蒼然たるものが中心だったのが、1980年代に入ると、取引関係や労働関係、つまり経済活動に関するものがふえてきました。消費者に対する悪徳商法や不当な投資勧誘等々。そうした問題も、公序良俗の射程に取り込もうという新たな動きが登場してきて、公序良

俗をめぐる議論が活性化することになりました。そうした現代的な問題に関する議論にどのような意味があるのか。そこでいったい何が問われているのか。こうした問題を取り上げることとしたいと思います。

2 検討の手順

そこで、以下ではまず前提として、Ⅱで、公序良俗に関する従来の議論状況、従来のというのは民法典が1896年に制定されてから1980年代半ばごろまでの状況を概観します。

その上で、Ⅲで、公序良俗論の新たな展開、今少し話した1980年代半ば以降の状況を紹介します。ここでは、判例の新しい変化をふまえて、それを理論的に受けとめるために、どのような考え方が提唱されているか、実はその中心になった論者が大村先生と私などなのですが、そうした議論の状況を紹介します。

それをふまえて、Ⅳで、民法における公序良俗論の意味を検討します。具体的には、そこでいったい何が問われているのか、どこに考え方の分かれ目があるのかということを明らかにし、その上で、今日の前半のお話をふまえて、私自身のこの問題のとらえ方をお話しします。

最後に、Ⅴで、今日の前半も含めた締めくくりとして、学問としての法学の意味、その中での公序良俗論の意義についてお話をします。

このような手順で話を進めることにしたいと思います。

Ⅱ　公序良俗に関する従来の議論状況
── 民法典の制定から 1980 年代半ばまで

それではまず、公序良俗に関する従来の議論状況をみておきましょう。

1　古典的公序良俗論

もともと民法典を作ったときの起草者は、公序良俗の内容を限定的に理解していました。あくまでも契約自由が原則であって、公序良俗違反を理由に法律行為が無効とされるのは例外にすぎない。

具体的には、公序良俗違反によって無効とされるのは、行政警察・司法や性風俗に関するもの、例えば、殺人を依頼する契約だとか、選挙の買収契約、あるいは「猥褻の所行をなす」契約。そういうものが例外的に無効にされる。そう考えていました。

2　公序良俗＝根本理念説
(1)　公序良俗の意味
(a)　公序良俗＝法の根本理念

しかし、このような理解は、その後、末川博先生・我妻栄先生という非常に有名な民法の先生方によって 180 度転換されることになります。それによると、公序良俗は、個人の意思を制限する例外ではなくて、法を支配する根本理念である。契約自由も、その枠内でのみ認められるものにすぎない。そう主張されました。

(b)　協同体主義
(ア)　権利本位の法律観から社会本位の法律観へ

この考え方の背景にあるのは、戦前のこの当時の潮流、つまり権

利本位の法律観から社会本位の法律観へという潮流です。

これは、それまでの権利本位の法律観、つまり個人の権利や自由を尊重するという考え方を形式的に貫いた結果、社会的な矛盾が噴出してきた。つまり、契約は自由だ、どういう内容の契約を結ぶかは、当事者が合意して決めればよい。そうするとどうなるかというと、力の強い者が自分に有利な契約を押しつけることが可能になる。契約は自由だというだけでは、結局、力の強い者がますます自由になるだけで、貧富の格差が広がる一方である。そのため、世の中に貧しい者があふれてくると、社会不安におちいる。そういう状況が19世紀から20世紀にかけて噴出してきたわけです。

ここで社会の存立と発展を確保するためには、そうした社会の矛盾を直視して、国家権力の関与によってこれを是正することが要請される。そう考えたわけです。

(イ) 個人主義から協同体主義へ

そのためには、自由のとらえ方を根本的に転換する必要がある。個人主義から協同体主義へ。そういう転換です。

この協同体主義とは、国家を1つの協同体とみる考え方です。我妻先生によると、この協同体としての国家では、「個人と国家とが有機的に結合した個と全との関係に立つ」。要するに、個人といっても、国家から独立した個人ではなくて、国家の体の一部である。「有機的に結合した」というのはそういう意味です。

そして、「個人の自由は、国家全体とともに文化の向上に尽くすべき責務を伴うものであり、国家は個人の自由の発展のために積極的な関与をなすべき責務を負う」。つまり、個人は国家の体の一部なのだから、例えば国家の手足が勝手に自由気ままに動いたのでは、国家が立ちゆかない。したがって、手足の自由は、あくまでも

国家全体がうまくいくように動くという責務を伴うものである。そして、国家にとっても、手足が死んでしまっては困るので、手足である個人が自由に動けるようにするために、血液によって酸素や栄養を送り届ける責務を負う。そう考えるわけです。

　これによると、個人の自由は、協同体の理念にしたがうかぎりで認められることになります。自由の中に協同体の理念が組み込まれているわけです。根本理念としての公序良俗とは、まさにこの協同体の理念にほかならない。そう考えるわけです。

(2) 公序良俗の類型論

　これによると、公序良俗論の課題は、この国家協同体の理念が具体的に何を要請するかを明らかにするところに求められます。それを我妻先生が当時の裁判例を手がかりとして探究した結果が、そこにあげた7つの類型です【別紙1】。あまり抽象的な話ばかりしてもイメージがわきにくいと思いますので、ここで少し具体例をみておくことにしましょう。ただし、全部ていねいにみていると時間が足りませんので、適当に飛ばしながらみていくことにします。

(a) 人倫に反するもの

　第1は、人倫に反するものです。

公序良俗の類型論

人倫に反するもの	配偶者のある者の婚姻予約、愛人契約
正義の観念に反するもの	不正行為を助長する契約、談合契約
暴利行為	過大な賠償額の予定、過剰な担保権の設定契約
個人の自由を極度に制限するもの	芸娼妓契約（人身売買）
営業の自由の制限	競業禁止特約
生存の基礎たる財産の処分	部落民の生存を支える灌漑用水を放棄する契約
著しく射倖的なもの	賭博に関する契約

別紙 1

② 民法における公序良俗論の現況と課題

ケース1

　Ｘは、妻子がいるにもかかわらず、バーのホステスＹと情交関係を結び、今後は生活の面倒をみると約束して、毎月20万円の手当を支払うほか、Ｘ所有のマンション甲をＹに贈与した。

　よくあるのは、その後、ＸないしはＹの気が変わった場合です。

　例えば、Ｘの妻がこれをみつけて大騒ぎになったので、ＸがＹとつき合うのをやめざるをえなくなった。この場合に、このＸＹ間の契約が有効だとすると、ホステスＹは、約束したのだから毎月20万円を払えとＸに求めることができるはずです。しかし、このような愛人契約は公序良俗に反し、無効である。とすると、ホステスＹは、Ｘに毎月20万円を求めることはできません。

　あるいは逆に、ホステスＹの方がほかの男性のもとに走ってしまった。Ｘとしては、マンションまで与えたのに、それではやりきれない。そこで、このマンションの贈与契約が公序良俗に反し、無効だとすると、Ｘは、ホステスＹに、マンションを返せと求めることができそうです。

　ただ、この点は、別に708条という規定があって、不法な原因に基づいて給付したものは原則として返還請求できません。したがって、契約自体は公序良俗に反し、無効だけれども、マンション甲の返還請求はできない。そういうことになります。

　(b) 正義の観念に反するもの

　第2は、正義の観念に反するものです。不正行為を助長する契約、談合契約などがこれに当たるとされます。このうち、不正行為を助長する契約の例として、ケース2をあげておきました。

┌─ ケース 2 ─────────────────────────────────
　Yは、麻薬の密輸を計画し、Xに大もうけができると説いて資金
の提供を依頼した。Xは、家族からも反対されて一度は断ったが、
Yからせめて1回分の資金でも出してほしいといわれ、500万円を
Yに貸与した。
└──

　㋐　消費貸借契約の効力

　麻薬の密輸を計画しているのは、Yです。Xは、Yに500万円を
貸すという契約をしていますが、このお金を貸すこと自体は、無色
透明というか、それ自体としては不当な契約ではありません。

　しかし、このケースでは、貸したお金は、Yが麻薬の密輸を行う
ための資金として使われることが予定されています。つまり、この
XがYに貸すという契約は、麻薬の密輸という不正行為を助長す
るための契約であって、公序良俗に反し、無効です。

　㋑　不法原因給付

　500万円を貸すという契約が無効だとすると、先ほど述べたよう
に、契約をする前のもとの状態に戻さなければならないはずです。
ということは、Xは、Yから、貸した500万円を返してもらえるこ
とになります。

　ここでも、先ほどの708条によると、不法な原因に基づいて給
付したものは、返還請求できません。ただ、708条の但書による
と、「不法な原因が受益者についてのみ存したときは、この限りで
ない」とされています。これは、受け取った側に不法な原因がある
ときは、返還請求を否定すると、不法な原因がある受け取った側が
そのまま返さなくてもよいことになって、ますます不法な結果を認
めることになってしまうという考慮によります。

2 民法における公序良俗論の現況と課題

　このケースでは、不法の原因は、主として麻薬の密輸を計画していたＹの側にあります。Ｘの側も、それを助けようとしたので、不法の原因がないわけではありません。しかし、ずっと資金を提供していたのであれば別かもしれませんが、このケースのＸは、一度は断っているし、1回でもといわれて貸しただけなので、不法の原因が主としてＹの側にあります。したがって、この場合は、Ｘは、Ｙに500万円を返すよう求めることができると考えられています。

（c）暴利行為

　第3は、暴利行為です。

┌─ケース3─────────────────────────
│
│　Ｘは、印刷所を経営していたが、折からの不況のため極度の経営
│不振におちいり、金融業者Ｙから返済期を6ヶ月後にして2000万
│円の融資を受けることにした。その際、Ｘが期日に2000万円をＹ
│に返済できない場合は、その返済に代えて、Ｘが所有する土地（時
│価8000万円）をＹに譲渡する旨を予約し、その場合における甲の
│所有権移転請求権を保全するために、甲につき仮登記を行った。
│
└──────────────────────────────

　Ｘが借りた2000万円を返済することができない場合に、その返済に代えて甲をＹに譲渡することを代物弁済、これをあらかじめ予約することを、代物弁済予約といいます。こうしておけば、Ｘが返済できなくなっても、Ｙは、この予約を実行すれば、土地甲の所有権を取得できます。しかも、あらかじめ仮登記をしてあるので、この登記を本来の登記に直せば、誰に対しても、Ｘは土地甲を取得したことを主張できます。

　この方法のうまみは、貸主であるＹが、土地甲の所有権をまるまる取得できるところにあります。特に、このケースのように、土

地の時価が 8000 万円で、貸した 2000 万円を上回る価値を持って
いると、その差額 6000 万円を貸主 Y が取得することになるので、
貸したお金の回収を超えて大もうけできるわけです。まさに暴利行
為です。

　というわけで、当初、こういう過剰な担保権の設定契約は公序良
俗に反し、無効だと考えられていました。しかし、よく考えてみる
と、この契約は全部無効にする必要はありません。Y は、とにかく
2000 万円を X に貸しているのだから、いずれにしても、2000 万円
は返してもらわなければなりません。それを超える 6000 万円分ま
で取ることはできないとすれば足りるわけです。そこで、判例は、
後に、この種の場合、Y は土地甲を丸取りできない。土地甲を売っ
て、その代金から 2000 万円を回収できるだけで、それを超える
6000 万円は X に返さないといけない。これを清算義務というので
すけれども、そういう清算義務を認めるようになりました。そし
て、その後、この判例法を基礎として、1978 年に仮登記担保法と
いう法律ができています。したがって、この種の場合は、現在で
は、仮登記担保法という特別法によれば足りるのですが、もともと
は公序良俗違反とされていたわけです。

(d) 個人の自由を極度に制限するもの

　第 4 は、個人の自由を極度に制限するものです。

ケース 4

　度重なる不作で生活に窮した農家 X は、娘 A を利用して生活費
を調達するため、東京の売春宿 Y との間で、「① X が Y から 500 万
円を借り受けるかわりに、② A が Y のもとで芸娼妓として働き、
その報酬の半額で Y の貸金の返済にあてる」旨の契約を締結した。

② 民法における公序良俗論の現況と課題

(ア) 芸娼妓契約の意味

ひどい話だと思うかもしれませんが、戦前から戦後にかけて、農村では、このように、娘を売春宿に売って、借金の返済にあてることがよく行われていました。これを「芸娼妓契約」といいます。

この芸娼妓契約は、2つの部分からなります。1つは、①売春宿の経営者が娘の親にお金を貸すという契約です。このようにお金を貸すという契約を金銭消費貸借といいます。もう1つは、②娘を芸娼妓として働かせるという契約です。つまり、お金を親に貸すけれども、その貸したお金は娘が働いて返すという仕組みになっているわけです。

(イ) 芸娼妓契約の効力

②売春宿で芸娼妓として働かせるという契約は、Aの人身の自由を過度に拘束するものであって、公序良俗に反します。したがって、この契約は無効です。

しかし、お金を貸すという契約は、要するに、お金を貸して、返してもらうというだけです。これだけをとりあげると、無色透明で、何の問題もありません。そうすると、あくまでも無効なのは売春宿で働くという部分だけであって、お金を貸すという契約は有効である。したがって、YはXに対して貸したお金を返せと要求できる —— となるのか。

いうまでもなく、売春宿で働かせるという契約は無効だといわれただけでは、問題の解決になりません。貸したお金を返さなければならないとすると、娘はそこで働き続けるしかないからです。それでは、結局、売春行為を強制され続けることになります。したがって、ここで娘Aの自由を保護するためには、お金を貸すという契約の部分まで無効だとしなければなりません。つまり、このケース

では、XとYがした契約はすべて無効だということになります。

　(ウ)　不法原因給付の問題

　もっとも、実をいうと、これは、契約を全部無効としただけでは問題の解決になりません。というのは、契約が全部無効になると、Yの方からXに対して、貸した元本500万円ならびにその使用利益、つまり利息相当分について原状回復を請求することができるはずだからです。

　しかし、このような請求を認めると、Xはそれに応じる資金を持たない以上、結局、Aが売春行為を強制されることになります。したがって、Yの原状回復請求、その実質は不当利得の返還請求まで否定しなければ、Aを保護したことになりません。

　それを可能にするのが、先ほどから何度も出ている不法原因給付に関する708条です。つまり、この場合のYは、「不法な原因」のために給付をした者に当たるとみて、その給付の返還を許さないとするわけです。

　(e)　営業の自由の制限

　第5は、営業の自由の制限です。その代表例が競業禁止特約です。これは、次のケース5にあげたように、会社と競合関係に立つ事業を退職後2年以内に自ら開業してはならないという条項です。このような自由の制限も、過度にわたるものは、公序良俗に反し無効であると考えられています。このケースについては、あとでもう少しくわしく取り上げるので、ここではこの程度にしておきます。

② 民法における公序良俗論の現況と課題

ケース5

Xは、Y司法試験予備校の看板講師として活躍していたが、その後、Y予備校をやめ、X司法試験塾を開いて、塾生を募集しました。これに対し、Y予備校は、就業規則の中に、「従業員は、会社と競合関係に立つ事業を退職後2年以内に自ら開業してはならない」という条項が入れられていたことを理由に、Xに対して競業行為の差止めを求めた。

(f) 生存の基盤たる財産の処分

第6は、生存の基盤たる財産の処分です。戦前のケースで、部落民の生存を支える灌漑用水を放棄する契約が公序良俗に反し無効とされたものがありますが、ここでは省略しておきます。

(g) 著しく射倖的なもの

第7は、著しく射倖的なものです。「射倖的」というのは、幸運や偶然に頼って成功を収めるという意味で、賭博に関する契約がその代表例です。

ケース6

Xは、友人に誘われ、Yが主催するマージャン賭博に参加したところ、Yに100万円負けてしまった。

賭博のどこがいけないのかと思われるかもしれませんが、賭博で大もうけができるとなると、まじめに働くことがバカらしくなります。しかし、みんなが働かなくなると、人間社会は立ち行きません。健全な勤労観念が麻痺することは、社会の存立を危うくします。

しかも、賭博を野放しにしておくと、自分だけは確実に利益を得ようとして、不正を行うインセンティブが働きます。それは、新たな犯罪と社会不安をもたらす危険性があります。

　というわけで、このような賭博に関する契約は、公序良俗に反し無効とされています。したがって、Xは、Yに対して100万円を払う必要はないことになります。

3　判例法の状況

　ともあれ、この当時の学説は、先ほど話したように、公序良俗は、個人の意思を制限する例外ではなくて、法を支配する根本理念である。契約自由も、そうした根本理念、つまり協同体の理念にしたがうかぎりで認められるにすぎない。そう考えていました。では、判例の方はどうかというと、実はかなり様子が違っています。

(1) 問題領域の変化

　結論のみをいうと、最上級審裁判例、つまり戦前の大審院、戦後の最高裁の判例に関するかぎり、当初は、公序良俗違反を理由に無効を認めるものが比較的多かったのですが、次第にそういったものが少なくなってきています。

　まず、公序良俗として扱われる問題領域は、相当広範にわたっています。先ほどもふれたように、起草者は、行政警察・司法にかかわる事柄や性風俗に関するものをあげていましたが、それ以外にもさまざまなものが公序良俗として扱われています。

　しかし、最上級審判例にしぼっていうと、当初は、公序良俗違反を理由に無効を認めるものが比較的多かったのに対して、次第にそうしたものが少なくなってきます。それどころか、公序良俗違反を問題とするケースの件数自体が少なくなってきているということが

できます。

(a) 秩序の維持

例えば、国家や社会の秩序の維持にかかわるものに関していえば、1920年代までは、特に法令違反の行為を無効とするものが少なくなかったのに対し、その後は、戦時期・戦後期に物資統制法規違反の行為を無効としたものを除いて、件数が減少し、しかも原則として有効とされるようになっています。秩序違反を理由に契約が無効とされるのは、談合行為や弁護士法違反のケースのほか、射倖契約など、かなり限られています。

(b) 権利・自由の保護

また、権利・自由の保護にかかわるものに関しても、戦前は、芸娼妓契約のほか、営業・職業の自由を制限する契約がしばしば問題とされてきました。しかし、もともと営業・職業の自由を制限する契約については、実際に無効を認めたものは非常に少なく、芸娼妓契約についても、戦後になってこれを全部無効とする判例の立場が確立するとともに、問題となるケースが急速に減少しています。

(c) 暴利行為

さらに、暴利行為に関しても、1930年代に入って問題となるケースが急増し、内容の不当性だけでなく、相手方の窮迫・軽率・無経験に乗じたことも必要であるという一般的な基準が確立することになったものの、実際に無効を認めるケースはほとんどありませんでした。

それに対して、戦後に入ると、先ほどの代物弁済予約に関するケースを中心として、実際に無効を認めるものが出てくることになりますが、代物弁済予約について清算義務を認める判例が確立した結果、暴利行為は主要な適用領域を失い、問題となるケース自体が

非常に少なくなりました。

(2) 基本姿勢の変化

そのような傾向の背後にある考え方は、2つにまとめられます。

(a) 契約自由に対する態度

第1のポイントは、契約自由に対する態度です。判例をよくみると、明治・大正期では、公序良俗違反を認める場合が少なくなかったのに対して、その後は、契約自由が原則化することになります。その結果、公序良俗違反が認められるのは、きわめて例外的な場合に限られます。よほどひどい場合だけだという認識が定着することになりました。

例えば、先ほどの競業禁止特約の場合でも、牛乳配達人が牛乳販売会社をやめた後も、20年間その会社の営業区域内、具体的には静岡市とその隣接市町村で牛乳販売業を営んではならない。そういう契約も、営業の自由を過度に制限したものとはいえない。したがって、公序良俗に反せず、有効であるとしました。20年間禁止といっても、自分で契約したのだから、守らないといけない。これでも、よほどひどい場合に当たらないと考えたわけです。

(b) 公法・私法二分論に対する態度

第2のポイントは、公法と私法の関係に関する理解です。

(ア) 判例の状況

これも、明治・大正期では、公法違反の契約を無効とした裁判例が少なくなかったのに対して、昭和期になると、戦時期から戦後の一時期を除いて、公法と私法は質的に異なるという考え方、いわゆる公法・私法二分論が強くなりました。これは、今日の前半でも少し出てきた考え方ですが、もう一度簡単に説明しておきましょう。

(イ) 公法・私法二分論とは

② 民法における公序良俗論の現況と課題

1) 公法と私法

まず、公法と私法の区別について簡単に確認しておくと、公法とは、国と個人の関係を規律する法です。国が個人に対して一定の行為を禁止したり、命令したりして、その違反に対して制裁を科すというのが、その典型的なイメージです。

例えば、道路交通法だとか、建築基準法だとか、食品衛生法などなど、数え切れないぐらいの法律が、公法に当たります。

これに対して、私法とは、個人と個人の関係に妥当する法です。それぞれに自由で平等な個人が、他の個人に対して何をどのような場合を求めることができるか。そういうことを規律するのが私法です。民法や商法が、この私法の代表例です。

2) 公法・私法二分論

公法・私法二分論というのは、このような公法と私法は質的に異なるものだとして、この両者を峻別する考え方です。公法とは、国と個人との垂直関係を規律する法であり、私法とは、個人と個人の水平関係を支配する法である。両者はまったく性格を異にする。その意味で、私法には、私法に独自の考え方があるのであって、ここに公法を持ち込むと、私法に特有の価値や秩序が乱されてしまう。

したがって、たとえ契約が公法の規定に反するものであっても、それとはかかわりなく、その私法上の効力を判断すべきである。例えば、建築基準法に違反した建物を建てることを請け負う契約でも、私法上は有効である。あるいは、宅建業法で免許を受けていない業者が土地取引を仲介しても、仲介契約自体は有効である。こう考えるわけです。

このような考え方から、契約は原則として有効である。公序良俗違反を理由に契約が無効になるのは、あくまでも例外である。そう

いう考え方が強かったのが、1980年代半ばごろまでの状況です。

Ⅲ　公序良俗論の新たな展開
—— 1980年代半ば以降の状況

次に、1980年代半ば以降の新たな展開についてみていきましょう。

1　公序良俗法の変化 —— 下級審裁判例の動向

まず、この1980年代半ばころから、下級審裁判例で、それまでとは違った動きがみられるようになりました。そのポイントは3つにまとめられます。

(1)　領域の変化

第1に、問題となる領域が以前の「人倫に反するもの」といったものから、取引関係や労働関係など、経済活動に関するものへと変化してきました。

(2)　法令違反の増加

第2に、そこで、法令違反を理由の1つとして公序良俗違反を認めるものがふえてきました。先ほどの公法・私法二分論が後退してきたわけです。しかも、その際、個人の権利や自由の保護を目的とした法令の違反がしばしば問題となっています。

┌─ ケース7 ─

　有名百貨店Xは、映画会社と共同製作した映画の前売券をさばくため、Xに呉服を納入しているYに、1枚1000円の前売券を5000枚購入するよう求めた。Yは、当初これを拒んだが、Xが呉服の取

引に悪影響が出ることをほのめかすので、やむなくこれに応じて代
金500万円を払った。その後、資金繰りに困ったYは、前売券を返
すので500万円を返還してほしいと訴えた。

呉服を扱うYが、映画の前売券を5000枚も買う理由はありませ
ん。実際、Yはいったん断っています。しかし、結局、Xとの今後
の取引に与える影響をおそれて、やむなく購入に応じたわけです。

こうした取引方法については、独占禁止法が一定の規制をおいて
います。その19条によると、「事業者は、不公正な取引方法を用い
てはならない」とされています。問題は、何が「不公正な取引方
法」かです。これについて、独占禁止法の2条9項5号は、「自己
の取引上の地位が相手方に優越していることを利用して、正常な商
慣習に照らして不当に」、「継続して取引する相手方」に対して「当
該取引に係る商品又は役務以外の商品又は役務を購入させること」
をあげています。このケースは、まさにそれに当たります。

このケースについては、後でもう一度取り上げますが、この独占
禁止法は、違反者に対して公正取引委員会を通じた規制措置を定め
るにとどめて、違反行為の私法上の効力については特に定めていま
せん。つまり、そのかぎりで公法に属します。

しかし、少なくともこのケースのような不公正な取引方法につい
ては、違反行為はやはり原則として無効とすべきではないか。独占
禁止法が不公正な取引方法を禁止しているのは、力の弱い側が自主
的な判断に基づいて取引を行う自由が侵害されているためである。
独占禁止法は、まさにそうした力の弱い側の自由を保護することを
目的としている。ならば、それに違反した契約も無効にしなけれ
ば、独占禁止法の目的を実現することもできないではないか。した

がって、X は、このような前売券の購入を押しつけた契約は無効であって、支払った 500 万円を返せと求めることができる。そういう考え方が強くなってきました。

(3) 権利・自由の保護の増加と多様化

そして、第 3 に、個人の権利や自由を保護するために公序良俗違反を認めるものがふえてきています。

(a) 営業・職業の自由、平等権

例えば、営業・職業の自由のほか、平等権の侵害を問題としたケースが目立つようになっています。

ケース 8

　X 女は、自動車製造会社 Y に雇用され、勤務していたが、Y の就業規則によると、「男子満 55 歳、女子満 50 歳をもって定年とし、男子は満 55 歳、女子は満 50 歳に達した月の末日をもって退職させる」と定められていた。これにしたがい、X 女は、満 50 歳に達した際に、その月末をもって退職を命ずる旨の勧告を受けた。

有名な日産自動車事件です。最近では、ここまで露骨な差別はみられませんが、昔はこういう差別的な取扱いがよくみられました。

しかし、最高裁は、合理的な理由もなしに差別を定めた条項を、公序良俗に反し無効だとしました（最判昭和 56 年 3 月 24 日民集 35 巻 2 号 300 頁）。その後も、昇進や昇給の差別をめぐって同じような紛争が多発しています。そのほか、最近では、外国人差別に関するケースもみられるようになっています。

(b) 現代型暴利行為

さらに、暴利行為についても、いわゆる悪徳商法、例えば原野商法や不当な投資勧誘のように、相手方の窮迫や無知などを利用して

不当な対価を取得するというケースが多発しました。そこでは、契約内容だけではなくて、契約締結前後の事情も考慮して、公序良俗違反を判断するという傾向がみられます。

ケース9

　Xは、Yから「Yが北海道に所有する土地は、開発計画があるため、2年で少なくとも2倍の値上がりが見込める有望な土地である」として、購入の勧誘を受けた。土地取引の経験のない年金生活者であるXは、不安を感じたが、銀行預金をするよりもはるかに有利だと迫るYの勧誘を断り切れず、結局、100坪の土地甲を500万円で購入した。

　これが、原野商法の典型例です。このケースでは、北海道の原野にある土地を、開発計画があるので、値上がりをする有望な土地だとして、500万円で売買しています。しかし、実際にはそのような開発計画がありません。二束三文で、1万円ぐらいしかしないような土地です。つまり、Yは、安い土地を高い代金で売っているわけなので、不当な対価を得ています。

　しかし、物をいくらで買うかは、それぞれの当事者が自分で自由に決められることです。したがって、契約自由の原則によると、このような代金額で売買されているということだけで契約は無効だというのは難しい。

　しかし、このケースでは、Xは、土地取引の経験のない年金生活者です。知識がない、経験がないことにYがつけ込んでいるわけです。年金生活者は、もう収入がないので、手持ちの財産で老後の生計を立てる必要があります。そのような人間の無知ないし無経験につけ込んで、客観的に不当な対価を取得する。これは、暴利行為

に当たるとして、公序良俗に反し無効とする。このようなケースが
目立つようになりました。

2 契約正義 ── 経済的公序論

　以上のような新たな動きをどう受けとめるべきかということが、
この時期以降の公序良俗論の課題となりました。このような中で、
私的自治・契約自由と公序良俗の関係をより根本的に見直すことに
より、公序良俗論に関する新たな議論の口火をきったのが、実は、
大村敦志先生です。

（1）契約正義論

　まず、大村先生は、私的自治・契約自由ではなくて、契約正義を
基本原理にすえるべきだという考え方に立脚しています。

（a）給付の均衡法理

　このことは、大村先生が 1987 年に最初の論文で取り上げたのが
給付の均衡法理というものだったことからうかがえます。これは、
契約が有効に成立するためには、給付間に均衡があることが要求さ
れるという考え方です。例えば、北海道の原野 100 坪を 500 万円
で売る。しかし、そんな原野は、せいぜい 1 坪 1 万円ぐらいの価
値しかない。100 坪でも、50 万円がせいぜいです。それを 500 万
円で売るというのは、原野を引き渡すという給付と、500 万円を払
うという給付の価値が不均衡を来している。だから無効だという考
え方です。

　これは、よく考えると、物には客観的に正しい価格があるという
想定に立っています。何か尺度がないことには、高すぎるかどう
か、安すぎるかどうかも判断できません。原野は 1 坪 1 万円とい
う客観的な価格があると想定したときにはじめて、給付の不均衡を

語ることができるわけです。

これはさらに突きつめると、人間社会には何人も否定できない普遍的な価値が存在するという自然法論の考え方を前提としています。要するに、この世には、自然法則とか、神の摂理のような、絶対的な尺度、絶対的な価値がある。だから、1つ1つの物にも、正しい価値があると考えられるわけです。契約は自由だといっても、そうした客観的な「正しさ」を体現した価値、つまり正義にしたがわなければならない。したがって、そのような正義に反する契約の効力は否定すべきであって、そうした契約正義を実現する方向で介入を行うべきだ。そう考えるわけです。これは、今日の前半にも出てきた星野英一先生の考え方です。星野先生というのは、大村先生の先生に当たる先生です。

(b) 現代的暴利行為論

もっとも、大村先生は、このような契約内容の客観的な「正しさ」だけではなくて、意思決定に関する主観的要素、つまり自由な意思決定を妨げられたという側面も考慮する必要性を強調しています。これは、内容的な正しさだけではなくて、手続的な公正さも契約正義に取り込もうとするものですが、いずれにしても、そのような意味での契約正義が重視されていることに変わりはありません。

(2) 経済的公序論

これと同時に、大村先生は、公法と私法の相互依存関係を正面から認めていこう。そういう考え方を提唱しています。具体的には、法令の目的に着目して、少なくとも取引と密接な関連を持った法令については、従来以上に違反行為の効力を否定してよい。そう考えています。

（a）法令の類型

その前提として、大村先生は、まず、警察秩序維持法令と経済法令を区別すべきだとします。

㋐　警察秩序維持法令

警察秩序維持法令とは、取引と直接には関係しない価値を実現するための法令です。例えば、食品衛生法や道路交通法などが、その例です。この場合は、法令違反があっても、通常、違反行為の私法上の効力まで否定することは要請されません。

㋑　経　済　法　令

それに対して、経済法令とは、取引と密接な関連を持つ法令です。この場合は、法令の目的が取引の効力と無縁ではない以上、法令が私法上の公序を判定するための重要な要素となります。これは、さらに2つに分かれます。

1）取引利益保護法令

まず、取引利益保護法令。これは、個々の取引において当事者の利益を保護することを目的とする法令です。消費者保護に関する法令などがこれに当たります。

この場合は、消費者を保護することが目的ですので、契約を無効にすることが法令の保護目的に役立ちます。しかも、ここでは、法令自体が、信義・公平に反する権利行使から一方当事者を保護することを目的とします。例えば、投資勧誘会社が、手数料をたくさんとるために、無意味な証券取引をいっぱいさせる。こういう信義・公平に反する行為から投資家を保護するのが目的ですので、この場合は、違反行為の効力を否定することが、当事者間の信義・公平という私法上の要請を実現することにも役立ちます。

2）取引秩序維持法令

次に、取引秩序維持法令。これは、取引の環境となる市場秩序の維持を目的とする法令です。例えば、先ほどあげた独占禁止法がその代表例です。

この場合は、違反行為を無効にすると、当事者間の信義・公平を害するおそれがあります。契約をした以上、契約を守らなければならないのに、法令違反を理由に契約を守らなくてよくなるからです。

しかし、市場を確保し、競争を維持することは、個別取引の前提にほかない。市場で行われる個々の取引は、市場の秩序が保たれているからこそ、問題なくできるわけです。したがって、そうした法令の目的の実現、つまり市場の秩序を維持するためには、ある程度まで当事者間の信義・公平を後退させてもやむをえない。つまり、違反した契約を無効としてよい。そう考えるわけです。

(b) 公法・私法二分論から公法・私法相互依存論へ

(ア) 公法・私法相互依存論

このように、取引の秩序を維持し、不当な不利益を受けている者を保護するという目的は、公法にも私法にも共通している。その意味で、両者は相互に支えあい、補強しあう。したがって、公法の規定に違反する場合は、その目的をよりよく実現するために私法上の効力を否定すべき場合もある。そう考えるわけです。

(イ) 契約正義論との連続性

こうした公法と私法は質的に異なるものではないという考え方は、先ほどの契約正義論とつながっています。つまり、公法も私法も、契約正義を体現する、あるいは体現すべきものであるという点で共通性を持つ。だからこそ、公法的規制でも、そうした契約正義を体現したものであるかぎり、積極的に公序良俗の内容に取り込ん

でよい。そう考えれば、これらの主張はつながっているとみること
ができます。

3　権利論的公序良俗論

　以上に対して、私自身は、今日の前半のお話から推測できるよう
に、一言でいえば、憲法上の権利、基本権の保障という観点から公
序良俗論を再構成しよう。そういう、最初に主張した 1995 年の当
時には斬新というか、多くの民法学者にとっては大丈夫かと思われ
るような方向をめざしています。

（1）再構成の視点

　この再構成のカギは、民法 90 条は私的自治や契約自由を制限す
るものだという点にあります。このこと自体は、比較的理解しやす
いでしょう。公序良俗違反で契約が無効にされれば、そのかぎりで
契約できなくなりますので、契約自由が制限されたことになりま
す。問題は、そこでいう私的自治や契約自由がどのような意味を持
つかです。

（a）基本権としての私的自治・契約自由

(ア)　私 的 自 治

1)　民法学の一般的な理解

　この点について、民法学では一般に、私的自治とは「個人が自己
の意思によって自らの法律関係を形成できる自由」と理解されてい
ます。この自由を実現するための手段が、法律行為です。そのた
め、私的自治は、法律行為の自由や契約自由と等置されています。

2)　「私的自治」の意味

a)「自分の生活空間を主体的に形成する自由」としての私的自治

　しかし、私的自治の出発点は、「自分のことは自分で決める」と

ころにあります。これは、契約や法律行為などの法的な制度に関する事柄に限られません。例えば、たばこを吸うかどうか。近所づきあいをするかしないか。いまの仕事を続けるか続けないか。子どもを作るか作らないか。延命治療を受けるか受けないか。そういうライフスタイルから生死の問題にいたるまで、日常生活のあらゆる場面で「自分の暮らしは自分で決める」ことが問題となります。こうしたものも含めるならば、私的自治とは「自分の生活空間を主体的に形成する自由」ということができます。

b）憲法上の自由としての私的自治

私的自治の意味をこのように広くとらえ直すと、その根拠は私法を超えて、憲法に求められます。その手がかりは、憲法 13 条です。それによると、すべて国民は「個人として尊重」され、「生命、自由及び幸福追求」に対する権利が保障されています。ここで重要なのは、憲法 13 条が保障しているのは、「幸福の権利」ではなく、「幸福追求の権利」であることです。何が「幸福」かを自分で決めること。そして、その「幸福」を結果として享受することではなく、その達成を自分で追求していくこと。それが、基本権として保障されているわけです。「自分の生活空間を主体的に形成する自由」。「自分のことは自分で決める権利」。これこそまさに幸福追求の中身そのものです。その意味で、私的自治、したがってまたそれを支える自己決定権は、憲法 13 条によって保障された基本権とみることができます。

㈣ 契 約 自 由

1）制度的自由としての契約自由

ただ、このように私的自治と自己決定権が大事だといっても、これだけで社会は成り立ちません。誰も他人の私的自治と自己決定権

を侵してはならないとすると、他人に影響しそうなことは何もできなくなります。そこで、その他人の同意を得ることによって、おたがいの生活空間の形成を可能にする制度が必要になります。それが契約制度です。契約自由とは、まさにこの契約制度を使う自由として位置づけることができます。

　2）憲法上の自由としての契約自由

　この契約自由も、やはり憲法上の自由としてとらえられます。

　a）契約自由の消極的側面

　まず、契約自由の消極的側面。つまり、契約するかどうかについて強制を受けないという自由は、まさに契約という手段によって「自分の生活空間を主体的に形成する自由」、つまり憲法上の自由である私的自治を具体化したものです。

　b）契約自由の積極的側面

　また、自分の生活空間を主体的に形成するために契約を締結しても、相手方がその契約を守らなくてもよいのであれば意味がありません。憲法上の自由である私的自治を保障するためには、相手方に対して契約の実現を強制する権利を認めることが必要になります。その意味で、この契約自由の積極的側面も、憲法 13 条から要請されます。

（b）公序良俗規範の位置づけ

㋐　国家の介入禁止と公序良俗規範の解釈・適用

1）公序良俗規範

　以上のように、私的自治・契約自由が憲法 13 条に基づく自由だとすると、民法 90 条はこうした憲法上の権利を制約する立法として位置づけられることになります。

　しかし、国家は、憲法上の権利を原則として侵害してはいけない

はずです。そうすると、このように民法90条によって私的自治や契約自由を制約することは、憲法上許されるのか。そういう問題が出てくることになります。

ただ、民法90条そのものが憲法上許されない介入なのかどうかを論じても、あまり意味はありません。公序良俗そのものは、それだけで確固とした意味内容を持つわけではないからです。むしろ、公序良俗のような幅のある要件を定めた規定、これを一般条項というのですが、そういう一般条項については、裁判所がその内容をどのように確定するかが決定的な意味を持ちます。

2) 裁判所による公序良俗規範（一般条項）の解釈・適用

ただ、そういう裁判所も国家機関であることに変わりはありません。したがって、その裁判所による90条の解釈・適用という行為も、やはり憲法による制約を受けます。その意味で、裁判所は、私的自治・契約自由という基本権に対して不当な介入にならないように、90条を解釈しなければなりません。いわば民法90条の合憲解釈が要請されるわけです。

(イ) 介入の正当化根拠

もっとも、基本権に対する制約は、いっさい許されないわけではありません。その制約を正当化するだけの十分な理由があれば、国家が個人の基本権を制約することも許されます。そうでないと、およそ国家は、基本権を保護する保護することも、基本権を支援することもできなくなってしまいます。したがって、問題は、どのような理由があれば、私的自治・契約自由という基本権に対する不当な介入にならないかです。

そのような介入を正当化する理由として考えられるのは、次の2つです。

1）基本権の保護

第 1 に、国家は、個人の基本権を他人による侵害から保護する義務を負います。この基本権保護義務をはたすために、加害者の基本権を制約することも正当化されます。

実をいうと、国家がこのような基本権保護義務を負うと考えるべきかどうかについては、憲法学では議論があります。今日の前半で紹介した高橋和之先生などはこれを否定します。

しかし、私自身は、このような基本権保護義務は、国家のいわば最低限の責務に属すると考えています。例えば、殺人や窃盗、暴行、放火。そういう行為によって個人の基本権が侵害されているのを国家が傍観していてよいとするならば、およそ国家というものを認めた意味がないでしょう。いったい何のために高い税金を払っているのか。まして、現代国家は、自力救済を原則として禁止しています。つまり、アメリカなどのように、ピストルで対抗してはいけないというのですから、個人を他人からの侵害に対していわば丸腰の状態にしているわけです。そういう国家が、個人の基本権を他人による侵害から保護する義務を負うことは、むしろ当然といわなければなりません。

2）基本権の支援

第 2 に、国家は、個人の基本権が侵害されていなくても、その基本権がよりよく実現されるよう、さまざまな措置を講じて支援する義務を負います。これも基本権の制約を正当化する理由になることができます。

ただ、いうまでもなく、すべての個人の基本権を最大限実現することは、実際には不可能です。資源に限りがある以上、そこでは政策的な取捨選択が不可欠になります。この選択、つまり誰の基本権

をどの程度支援するかは、原則として、国民の民主的決定、つまり立法に委ねられます。要するに、この理由から基本権を制約するためには、原則として立法が必要です。

(2) 公序良俗の類型

そうすると、このような介入の正当化根拠に応じて、公序良俗の内容は次のように分類されます。

(a) 法令型公序良俗

まず、すでに立法府が作った法令が存在する場合に、その目的をよりよく実現するために公序良俗規範を用いることが考えられます。これは、法令の目的に応じて、次の2つに分かれます。

(ア) 法令型 ── 政策実現型公序良俗

第1は、一定の政策的考慮から定められた法令が問題となる場合です。この場合は、その法令の政策目的によると許されない法律行為が公序良俗違反ととらえられます。

(イ) 法令型 ── 基本権保護型公序良俗

第2は、基本権の保護を目的とした法令が問題となる場合です。この場合は、その法令が保護しようとする基本権を侵害する法律行為が公序良俗違反ととらえられます。

(b) 裁判型公序良俗 ── 裁判型‐基本権保護型公序良俗

これに対して、特別な法令が存在しない場合でも、裁判所が、基本権を侵害から保護するために公序良俗規範を用いることが考えられます。ここでは、一方当事者の基本権を侵害する法律行為が公序良俗違反ととらえられます。

といっても、これだけでは何のことかもう1つわからないでしょう。そこで、以下では、この公序良俗の基本的なタイプについて、具体例をあげながら説明することにします。

(3) 法令型公序良俗

まず、法令の目的を実現するために、公序良俗規範が用いられる場合からみていきましょう。これは、今日の前半でふれた強行法規や取締法規違反に関する問題に対応します。

(a) 法令型 ── 政策実現型公序良俗

ここで、法令の政策目的を実現するために、公序良俗規範を適用し、法律行為を無効とすれば、そのかぎりで当事者の私的自治・契約自由が制約を受けることになります。私的自治・契約自由も基本権である以上、その制約は過度にわたってはなりません。したがって、この場合に法律行為を無効とするためには、少なくとも次の2つの要請をみたすことが要求されます。

(ア) 目的の重要性

第1に、法令の目的が、法律行為を無効とすることを正当化するに足りるだけの重要性を持つことが要請されます。例えば、第二次世界大戦中及び戦後に当時の物資統制法規に違反した契約が無効とされたのは、このような考慮に基づきます。そのほか、次のような例が考えられます。

┌─ ケース 10 ─────────────────────────

　Yは、Sに対する債権の取立てについて、債権取立てに精通しているXに、解決を委任した。その後、Xは、Sから債権を取り立てることに成功したが、Yは、Xが弁護士資格を持たずにこのような仕事をしていることを理由に、約束した報酬の支払を拒否した。

└──────────────────────────────────

---

1) 弁護士法の規制

弁護士法72条によると、弁護士でない者は、報酬を得る目的で法律事務を取り扱い、又はこれらの周旋をすることを業とすること

ができないと定められています。これは、資格を持たない者が法律業務を行うことを放任すれば、法律生活における国民の正当な利益を害するおそれがあり、司法の健全な運用や訴訟の能率向上、人権の擁護等の要請に反するという考慮に基づきます。

2）違反行為の効力

こうした目的の重要性から、これに反してされた委任契約は無効とされています。したがって、このケースでは、報酬を支払う約束をして債権の取立てという法律事務をXに委託する契約は無効とされるため、Xは、債権の取立てに成功しても、Yに対して、報酬の支払を請求することができません。

Yが債権をただで取り立ててもらったことになるのは信義・公平に反するとしても、Yの報酬の請求を認めてしまうと、弁護士法72条の重要な目的を実現することができない。そう考えるわけです。

(イ) 無効とする必要性

以上が第1の要請、つまり法令の目的の重要性です。第2に、その法令の目的を実現するために、法律行為を無効とすることが必要不可欠といえることが要請されます。いまあげた例は、この要請をみたしていると考えられます。このことが、よりよくわかる代表例として、次の無免許・無許可営業のケースを紹介しておきましょう。

1）名義貸し契約

┌─ケース11───────────────

　Xは、不動産業を営むために宅建業法3条の免許を申請したが、免許を受けられなかった。そこで、Xは、免許は持っているが休眠状態になっているYから、名義料と引換えに、名義を借りて不動産

業を行うことにした。ところが、その後、Xは、事業が軌道に乗らないことから、Yに支払うべき名義料の支払を怠るようになった。この場合に、Yは、Xに対して、名義料の支払を求めることができるか。

a）名義貸しの禁止

宅建業法3条は、宅地建物取引業を営もうとする者は、国土交通大臣ないし都道府県知事の免許を受けなければならないと定めています。このように、宅建業法が免許制を採用しているのは、顧客が悪質な業者によって不当な不利益を受けるのを防ぐためです。

ところが、このケースでは、Xは、自分では免許が受けられなかったのに、Yから名義を借りて不動産業を行っています。このような名義の貸し借りを認めてしまうと、何のために免許制をとったのかわからなくなります。そこで、宅建業法13条1項は、名義貸しを禁止し、79条3号で、それに違反した者を処罰する旨を定めています。

b）名義貸し契約の効力

問題は、この名義貸し契約の効力です。宅建業法は、これについて何も定めていません。

しかし、ここで名義貸し契約が有効だとすると、本当は免許を受けていないXが、Yの名義を使って不動産業を続けてよいと裁判所が認めることになります。それでは、審査をパスして免許を受けた者だけに営業を許し、それ以外の者が営業しないようにするという免許制の目的と、真っ向から衝突します。したがって、当事者間の信義・公平に反することになっても、この法規の目的からすると、XY間の名義貸し契約の効力は否定すべきだということになり

ます。契約は無効なのだから、Y は、X に対して、名義料の支払を求めることもできないことになります。

2）第三者との契約

では、次の場合はどうでしょうか。

---**ケース 11-2**---

ケース 11 において、X の仲介により、A が K から建物甲を購入した後に、X が免許を受けていないことに気づいた A が、この契約は違法営業に基づくものだから無効であるとして、仲介料を払おうとしない。

ここで問題となっているのは、名義貸し契約そのものではありません。それによって名義を借りた者、つまり X が、第三者 A とした仲介契約の効力が問題です。

a）無 効 要 因

この場合でも、名義を借りた者 X が第三者 A とした仲介契約まで無効とした方が、無許可営業を防ぐという目的の実現に役立つことは間違いません。

b）有 効 要 因

しかし、次のような理由から、こうした契約は有効とするのが一般です。

ア）当事者間の信義・公平

まず、仲介契約を無効とすれば、その相手方 A は、実際に仲介を受けながら仲介料の支払を免れることになり、不公平になる。

また、問題なく仲介を受けた後になってから、たまたま無許可営業だったことを口実に仲介料の支払を免れようとするのは、信義に反する、という点です。

イ）法規の目的

しかし、それとともにあわせて指摘されるのは、この仲介契約を有効としても、名義を借りてその契約をした者 X が今後も無許可で営業してよいことにはならない。すでに行われた契約に関するかぎり有効としても、法規の目的を否定したことにはならない、という点です。

これは、免許制の目的から、第三者との契約の効力を否定することまでは要請されない。そう考えられているということです。

(b) 法令型 —— 基本権保護型公序良俗

次に、法令の中には、基本権の保護を目的とした法令も存在します。その代表例の 1 つが、先ほども紹介した不公正な取引方法に関するケースです。もう一度みておきましょう。

ケース 7

有名百貨店 Y は、映画会社と共同製作した映画の前売券をさばくため、Y に呉服を納入している X に、1 枚 1000 円の前売券を 5000 枚購入するよう求めた。X は、当初これを拒んだが、Y が呉服の取引に悪影響が出ることをほのめかすので、やむなくこれに応じて代金 500 万円を払った。その後、資金繰りに困った X は、前売券を返すので 500 万円を返してほしいと訴えた。

呉服を扱う X が、映画の前売り券を 5000 枚も買う理由はありません。実際また、X はいったん断っています。しかし、結局、Y との今後の取引に与える影響をおそれて、やむなく購入に応じたわけです。

(ア) 独占禁止法の規制

こうした取引方法については、先ほどもみたように、独占禁止法

が一定の規制を置いています。その19条によると、事業者は、不公正な取引方法を用いてはならないとされます。この不公正な取引方法には、独占禁止法の2条9項5号によると、「自己の取引上の地位が相手方に優越していることを利用して、正常な商慣習に照らして不当に」、「継続して取引する相手方」に対して、「当該取引に係る商品又は役務以外の商品又は役務を購入させること」が含まれます。このケースでしたYの行為は、これに当たります。

(イ) 違反行為の効力

このような独占禁止法に違反した行為の効力については、争いがあります。

1) 原則有効説 —— 公法・私法二分論

独占禁止法は、違反者に対して公正取引委員会を通じた規制措置を定めるにとどめ、違反行為の私法上の効力については定めていません。そのため、これは、基本的には公法に属する法規だと理解されています。

かつての一般的な見解は、公法と私法は質的に異なる法であるという理解から、独占禁止法に違反したというだけでは、契約は直ちには無効にならないとしていました。独占禁止法の目的は、独占禁止法自身が定める手段によって達成できるし、またそうすべきだというのがその理由です。

2) 原則無効説 —— 公法・私法相互依存論

しかし、少なくともこのケースのような不公正な取引方法については、違反行為は原則として無効とすべきでしょう。

独占禁止法が不公正な取引方法、例えば優越的地位の濫用を禁止しているのは、力の弱い側が自主的な判断に基づいて取引を行う自由、つまり経済活動の自由という基本権が侵害されているためで

す。つまり、この独占禁止法の規定は、経済活動の自由という基本権をその侵害から保護するためのものです。

ここで、違反行為を無効としなければ、まさにこの基本権の保護という独占禁止法の目的を達成できないでしょう。したがって、この前売り券の売買契約は、独占禁止法という法令の観点、つまりその目的である基本権の保護という観点から、公序良俗に反するものとして無効とされなければなりません。

そう考えるならば、Xは、前売り券を返して、支払った500万円の返還を要求できることになります。

(4) 裁判型 —— 基本権保護型公序良俗

次に、特別な法令がない場合でも、法律行為によって当事者の基本権が侵害されているときには、公序良俗規範を適用し、その当事者を保護することが要請されます。

例えば、はじめの方にあげた人身売買や男女別定年制を定めた就業規則などのほか、競業禁止特約もこれに当たります。もう一度みておきましょう。

ケース 5

Xは、Y司法試験予備校の看板講師として活躍していたが、その後、Y予備校をやめ、X司法試験塾を開いて、塾生を募集しました。これに対し、Y予備校は、就業規則の中に、「従業員は、会社と競合関係に立つ事業を退職後2年以内に自ら開業してはならない」という条項が入れられていたことを理由に、Xに対して競業行為の差止めを求めた。

ここで問題となっているのは、退職後2年間競業行為をしてはならないという条項、つまり競業禁止特約です。この特約が有効な

92

らば、Xは、2年間、司法試験予備校を開業することはできなくなります。これは、そのかぎりで、Xの職業選択の自由、つまり基本権が制限されることを意味します。

（a）Xの基本権の保護

先ほど述べたように、個人の基本権が他人によって侵害されている場合は、国はその基本権を侵害から保護しなければなりません。ただ、この種のケースでは、はたして基本権の「侵害」があるかという点が問題となります。というのは、Xは、いったんこの競業禁止特約を含めた契約に同意しているからです。同意しているかぎり、自分の基本権をそのかぎりで自ら放棄したのであって、「侵害」を受けたとはいえないのではないか。この点が、まず問題となります。

(ｱ) 同意をしたといえない場合

もっとも、この種の基本権を制限する特約は、純粋に自発的に行われることは少ないということができます。多くの場合、例えば、力の格差などから、そうした特約を飲まざるをえない状況にあります。このケースで問題となっているのも、Y予備校がXを講師として雇うという場合です。こうした場合には、雇う側の示す条件を飲まないと、雇ってもらえないのが普通でしょう。その意味で、こうした特約について、Xは同意したとはいえない。ないしは、少なくとも同意の程度が低い。つまり、この特約の効力をそのまま認めるための前提を欠いているということができます。

(ｲ) 同意を一応与えたといえる場合

しかし、たとえXがこの特約についての同意を強制されたとはいえない場合でも、問題は残ります。契約をした当初はともかく、少なくとも今は、Xはこの特約に同意を与えるつもりはありませ

ん。だから問題になっているわけです。ここで、Xが当初の特約に拘束されるとすると、そのかぎりで自分の職業を自分で選ぶことができなくなります。つまり、この特約に拘束されることによって、Xの基本権に対する「侵害」が顕在化してくることになります。この拘束を裁判所が強制するならば、それはまさに、Xの職業選択の自由に対する制限を国が強制することを意味します。それは、先ほど述べた国の基本権保護義務と矛盾するのではないか。それが、第1のポイントです。

もちろん、単に後で気が変わったというだけで、契約から逃れられるとすると、何のために契約制度を認めたかわからなくなってしまいます。しかし、契約によって当事者の基本権が著しく制限される場合にまで、この契約の拘束力を認めるならば、裁判所は基本権の保護という任務を果たしたことにはならないでしょう。そうすると、ここでは、例えば、次のような要因が問題となります。

1) 職業の自由の重要度

第1は、Xにとってその職業がどの程度重要性を持つかです。例えば、Xの技能がその職業に特化している場合は、転職も困難であるため、Xの自由を保護する要請が強くなります。

2) 侵害の程度

第2は、競業禁止特約がXの自由をどの程度制約しているかです。

まず、およそ何の制限もなく競業行為が禁止される場合は、制約の程度がきわめて大きい。それに対して、期間や場所が限定されている場合は、そのかぎりで制約の程度は小さくなります。

また、競業行為を禁止する対価として補償がされている場合は、そのかぎりで制約の程度が小さくなると考えられます。

(b) Yの基本権に対する配慮

　ただ、以上のようにしてXを保護するために競業禁止特約を無効とすることによって、Yの基本権 —— つまりYの経済活動の自由や財産権等 —— を過度に侵害することも許されません。したがって、Yに競業禁止特約を定めることを正当化する理由がある場合には、Xの保護を優先すべき特別な理由がないかぎり、その限度で競業禁止特約を有効とする必要があります。これが、第2のポイントです。

　そうすると、例えば、次のような要因が問題となります。

(ア)　投下資本の回収

　第1に、YがXの在職中にどの程度資本を投下し、将来Xがあげる利益からその資本を回収することがどの程度期待されたかが問題となります。

(イ)　営業秘密等

　第2に、XがYの営業のノウハウを習得し、営業秘密まで知悉している場合は、その流出によってYにどの程度の損失が生じるかということも考慮されます。

4　新たな類型論の模索
(1)　新たな類型論

　以上のような大村先生や私のような問題提起を受けて、1990年代から2000年代にかけて、公序良俗論に関する議論にも変化がみられるようになりました。少なくとも、かつてのように、公序良俗＝根本理念説の主張を繰り返した上で、それに即して公序良俗の事例群 —— 多くは我妻先生が示した先ほどの類型に若干のモディファイを加えたもの —— を列挙するにとどめるものは、ほぼ

姿を消しています。現在では、公序良俗は私的自治・契約自由に対する例外的な制約であるという理解を当然の前提とした上で、そうした制約を基礎づける理由に着目して公序良俗の類型を整理しようとするものが大勢を占めています。

もっとも、そのような制約を基礎づける理由をどのように考えるかについて、2つの方向がみられます。

(2) 秩序と権利・自由の二元論

第1は、制約を基礎づける理由として、秩序の維持と権利・自由の保護を並列してあげる方向です。これをさしあたり、秩序と権利・自由の二元論と呼んでおきましょう。

例えば、川井健先生が公序良俗違反行為を3つの類型に区別しているのは、その1つの例です。

第1は、財産秩序を乱す行為。正義の観念に反する行為、談合、賭博行為、暴利行為、優越的地位の利用、生存の基礎となる財産の処分がこれに当たるとされています。

第2は、人倫秩序・性道徳を乱す行為。

第3は、自由・人権を害する行為。芸娼妓契約、男女を差別する契約、営業の自由の極端な制限、財産権行使の極端な制限、思想・信条の極端な制限がこれに当たるとされています。

このうち、1つ目と2つ目は秩序の維持を制約 —— つまり、法律行為を無効とすること —— の理由とするものであり、3つ目は、権利・自由の保護を理由とするものとして位置づけられます。

(3) 秩序の類型論

(a) 秩序の観点

もう1つは、制約を基礎づける理由を秩序の維持に求め、権利・自由の保護に当たるものも秩序の維持の中に含めて一元化するとい

う方向です。これは、公序良俗違反を秩序の違反としてとらえ、そこで侵害されている秩序を類型化することによって、公序良俗の分類・整理をはかろうとするところに特徴があります。その意味で、これを秩序の類型論と呼んでおきましょう。

このような考え方を最も鮮明に打ち出しているのは、森田修先生です。森田先生は、秩序の維持と権利・自由の保護という二元論をとらず、「公序良俗違反行為によって侵害される秩序が何かという観点から一元的に類型化する」という考え方をとることを明言しています。「法的保護に値する主観的利益は、それが集積されることによって客観的な法秩序を形成する」が、「客観的法秩序として認められたものが各人に法的保護の対象を与えているとまでは言えない段階も存在する」。つまり、「権利・利益は秩序に解消できても、秩序は権利利益に解消できない」。そうである以上、「90条判断の漏れのない類型化のためには秩序の観点にたつべきであろう」というわけです。

(b) 秩序の分類

このような観点から、森田先生は、「侵害される秩序の分類を類型化の基礎」として、国家秩序、市場秩序、社会秩序の3つに分類すべきであるとします。これは、「規制主体としての国家が社会を規制の客体とするが、貨幣による交換に媒介された社会関係が市場として社会から独立する」という「世界観」に基づく分類であるとされます。

(c) 秩序の類型

その上で、これらの3つの秩序は、さらにこのような下位類型に分類されています。

(ア)　国 家 秩 序

第1の国家秩序は、政治・行政秩序、司法秩序、警察秩序、個別政策的秩序（経済政策秩序・経済政策以外の政策秩序 —— 食品衛生政策・文化財保護政策等）に分かれます。

(イ)　市 場 秩 序

第2の市場秩序は、適格秩序（市場において取引がいかなる主体・客体について、いかなる内容で許されるかということにかかわる秩序）、経済政策秩序（時々の経済政策によって臨機に形成される可変的な秩序）、競争秩序（自由競争によって効率的な資源配分を実現するという市場の中核的な機能を保護するための法的秩序）、保護的秩序（競争的市場の中で構造的に必要とされる経済的弱者の保護のための秩序）に分かれます。

(ウ)　社 会 秩 序

第3の社会秩序は、性秩序、家族秩序、射倖行為に整理されています。

Ⅳ　民法における公序良俗論の意味

以上が、民法における公序良俗論の状況です。問題は、そこでいったい何が問われているのか、どこに考え方の根本的な分かれ目があるのかです。

1　秩序と権利・自由の関係
(1) 統合論と峻別論

公序良俗をめぐるこれまでの議論で繰り返し問われてきたのは、秩序と権利・自由の関係をどのように理解するかということだった

とみることができます。そこでは、両者を一元的にとらえ、権利・自由を秩序に統合するという理解と、権利・自由を秩序には還元できない独自の意味を持つものととらえ、両者を峻別・対置するという理解が対立していましました。ここではさしあたり、前者を統合論、後者を峻別論と呼んでおきましょう。

(2) 統合論 ── 秩序思考

(a) 公序良俗＝根本理念説

まず、統合論の考え方がもっともはっきりとあらわれているのは、末川先生・我妻先生による公序良俗＝根本理念説です。そこでは、法を支配する根本理念、つまり国家協同体の理念というものが観念され、私的自治や契約自由もまたそのような理念を実現するためのものと理解されていました。私的自治や契約自由といっても、はじめから法を支配する根本理念がビルト・インされたものとしてとらえられていたわけです。これはまさに、権利・自由を秩序と対立するものではなく、同じ理念に基づくものとして統合的に理解する考え方にほかなりません。秩序を支配する理念が同時に権利・自由のあり方をはじめから規定しているとみる点で、これは秩序思考ないし秩序論に基づく権利観と呼ぶことができます。

(b) 契約正義論

同様の考え方は、大村先生、というよりも星野先生が主張する契約正義論にもみてとることができます。契約正義論は、もともと自然法論に立脚して、客観的な「正しさ」を体現した実体的な価値が存在することを前提とします。これを貫くならば、権利・自由も、そのような実体的な正義のあらわれとして位置づけられることになります。その意味で、これもまた、権利・自由と秩序を究極的には同じ理念に基づくものとして統合的に理解する考え方に属するとみ

ることができるわけです。

（c）秩序の類型論

このほか、最後にあげた秩序の類型論にも、同様の考え方をうかがうことができます。先ほど述べたように、秩序の類型論は、公序良俗違反を秩序の違反としてとらえ、そこで侵害されている秩序を類型化することによって、公序良俗の分類・整理をはかろうとします。そこでは、権利・自由に当たるものも秩序に還元できるという前提が採られているところに特徴があります。権利・自由も、客観的な法によって保障されるものであり、客観的な法秩序の主観的なあらわれにすぎないと考えるわけです。これによると、権利・自由は、それ自体として独立の意味を持つものではなく、それを定める秩序の理念によってその内容と射程が規定されると考えることになりやすい。その意味で、これもまた、秩序思考に基づいて権利・自由と秩序を統合的に理解する考え方と親和的であるといってよいでしょう。

（3）峻別論 ── 権利論

これに対して、私の主張する権利論的公序良俗論は、権利・自由を秩序には還元されない独自のものとしてとらえ、秩序はあくまでも権利・自由を制約するものとして両者を対置するところに特徴があります。

私がこのように考えるのは、個人の権利を保障することに他の社会的な目標の実現よりも優先する価値を認める立場、つまり権利論に立脚しているためです。憲法13条によると、何が幸福かという決定とその追求を個人にまかせるという考え方 ──「個人個人が自己のアイデンティティーを求めつつ、自ら『善い』と信ずる生き方を等しく追求できることが保障されなければならない」というリベ

ラリズムの思想 —— が採用されています。これはまさに権利論の主張と重なります。ここで秩序思考にしたがい、秩序を支配する理念がビルト・インされたものとして権利・自由をとらえるならば、そうした理念が権利・自由 —— したがってまた何が幸福かという決定とその追求 —— を枠づけることになり、権利論とは相容れない。権利論による以上、峻別論を前提とすることになるわけです。

2 権利・自由の承認と割当て

ただ、このように権利論による場合には、1つの重要な前提問題が存在します。それは、権利・自由 —— 先ほど述べた私の立場によると、基本権 —— を尊重するとしても、いったい何が尊重されるべき権利・自由、つまり基本権なのかという問題です。

(1) 権利・自由の承認と割当て＝公共的問題 —— 国家・社会の約束事

このように、何を基本権として認め、それを誰にどう割り当てるかという問題は、すぐれて公共的な問題です。これは、例えばプライバシーを考えてみればわかります。プライバシーが認められる前提には、どのような事柄については社会が関心を持つことを許し、どのような事柄については許さないことにするかということに関する社会的な決定があります。そのようにして、社会が関心を持つことが許されないとされた事柄が、プライバシーの射程に入ることになるわけです。このように、何を基本権として認め、それを誰にどう割り当てるかということは、国家あるいは社会の約束事としての性格を持ちます。

(2) 秩序論における位置づけ

しかし、そうすると、それは法秩序の問題ではないのかという疑

問が出てくることになります。

(a) 秩序の類型論

実際、先ほど紹介した秩序の類型論は、権利・自由も、権利規範や自由規範のように、客観的な法によって規定されるものであるという理解を前提としています。権利・自由を定める法規範はかならず存在する以上、そのかぎりでこれは法秩序の問題にほかならないと考えるわけです。

(b) 契約正義論

さらに、大村先生は、そのように、何が基本権であり、何がそうでないかを線引きする際には、「人々の持つ社会常識を無視することはできない」とします。そこでは、「基本権として憲法に書き込まれてはいないが、擁護されるべき価値として人々が暗黙裡に感じている規範」が決め手となるのであり、契約に関していうと、それはまさに大村先生のいう契約正義に当たります。

権利論によるといっても、権利・自由、つまり基本権の承認と割当てというレベルに着目するならば、秩序論の説くところと重なってくるというわけです。

(3) 権利論における位置づけ

たしかに、基本権の承認と割当ては、国家・社会の約束事としての性格を持ち、それ自体一定の —— 明文又は不文の —— 規範によって規定されることになります。しかし、それはあくまでも、我々の国家・社会において何を基本権として承認し、それを誰にどのように割り当てるのかという問いに答えるための約束事にほかなりません。つまり、ここでは国家・社会の約束事が一般的に問題になるのではなく、あくまでも権利・自由を秩序には還元されない独自のものとして尊重するという立場、つまり権利論を採用した上

で、そのようにして尊重されるべき基本権として何を認め、それを誰にどのように割り当てるのかが問われているわけです。そうした権利論を採用するというメタレベルでの立場選択がその前提として行われていることを捨象するならば、権利・自由と秩序の区別が容易に融解し、秩序思考へと転化してしまうおそれがあります。そこに権利論と秩序思考を分かつポイントがあることを忘れてはならないでしょう。

3　秩序観の転換 ── 秩序の意味と役割

(1)　他の峻別論における秩序観

(a)　古典的公序良俗論（起草者）

　もっとも、以上のように、権利・自由と秩序を区別して対置するという考え方は、起草者による古典的な公序良俗論でも前提とされていましました。そこでは、契約自由が原則とされた上で、それを例外的に制約するものとして公序良俗が位置づけられていました。ただ、前述したように、そこでの公序良俗としては、行政警察・司法や性風俗に関するものが想定されていました。これは、強いていえば、秩序を「権利・自由を取り締まる」ためのものとしてとらえるという理解に基づくとみることができます。

(b)　秩序と権利・自由の二元論

　同様の理解は、私的自治・契約自由の制約を基礎づける理由として、秩序の維持と権利・自由の保護を並列してあげる見解、つまり秩序と権利・自由の二元論にもうかがうことができます。そこでいう秩序とは、国家・社会の秩序であり、私的自治・契約自由の行きすぎた行使を外在的に規制するものとして理解されています。

（2）権利論における秩序観

しかし、先ほど述べたように、権利論に依拠し、権利・自由、つまり基本権を尊重するという考え方によるならば、秩序の意味や役割も違ったものととらえられる可能性があります。基本権を保障することが何にもまして重要であるというのであるならば、秩序もまた基本権を保障するためのものであるとみることが要請されるはずです。それによると、少なくとも次の３つの事柄が秩序の役割として考えられることになります。

（a）権利・自由の内容形成

第１は、何が基本権として尊重されるべき権利・自由であるかを規定し、その内容を具体化することです。権利論を前提とする場合に、こうした事柄の決定が不可欠となることは、先ほど述べたとおりです。

（b）権利・自由の保護制度

第２は、そうした基本権を他人による侵害から保護することです。具体的には、そのような侵害を禁止し、侵害された者を保護するための制度を用意することが要請されます。民法の領域に関していうと、不法行為制度や不当利得制度、物権的請求権等の諸制度は、まさにそのために存在するということができます。こうした基本権を保護するための制度を整備することが、法秩序のもっとも基本的な役割に属します。

（c）権利・自由の支援制度

第３は、基本権をよりよく実現できるように支援することです。具体的には、そのように基本権をよりよく行使し、実現できるようにするための制度を整備することが要請されます。例えば、契約制度は、自分の生活空間を自分で形成する自由を支援するための制度

にほかなりません。そのほか、例えば代理制度や法人制度があることによってはじめて個人の活動範囲が広がり、担保制度や保険制度があることによって、リスクのある活動も安んじて行うことが可能になります。このような個人の活動可能性を広げるための制度を整備することも、法秩序の役割に属すると考えられるわけです。

V　終わりに

　以上が、公序良俗論で問題になっている事柄です。それでは、終わりに移りましょう。

1　学問としての法学の意義と役割

　ここまでの話を聞いてどうでしょうか。少なくとも皆さんが法律とか民法についてイメージするのとは、かなり別世界だったのではないでしょうか。

　しかし、法学の研究というのは、人びとが当たり前と思っている前提を問い直して、そこで暗黙のうちに採用されている考え方をえぐり出す。そして、本当にそれでよいのか、もっと違った考え方があるのではないかということを考え抜く。そういうものです。民法90条には、こう書いてあります。これについては、こんな判例がありますということを並べるだけでは、知らず知らずのうちに自分がどのような立場をとっているかということに気がつきようがありません。ひょっとすると非常に問題のある前提をとっているかもしれないのに、それに気づきもしないのでは、危険ではないか。少なくとも、自分たちがとっている立場の意味をわかった上で、それを本当に選び取るなら選び取る。そうあるべきでしょう。そのために

は、書かれたり、言われたりしていることの上っ面にとどまるのではなく、一歩も二歩も立ち入って、その基礎にある考え方を問い直す。それが、学問としての法学の役割であり、裁判官や弁護士などとは別に、法学者というものが存在しなければならない理由でしょう。

2 公序良俗論の意義と役割

(1)「法」観の転換

そして、公序良俗論に即していうと、ふつうの法律家、そしてさらに多くの民法学者がいだいている「法」のイメージは、秩序思考に基づくものではないでしょうか。そこでは、「法」は、いわば「強制する秩序」としてとらえられています。しかし、我々の憲法、そしてその基礎にある権利や自由を尊重するという考え方によるならば、「法」や「秩序」の見方を転換することが要請されているのではないか。つまり、「法」や「秩序」は、「強制する秩序」ではなく、人びとの「自主的な活動」、つまり私的自治を「保障し促進するための秩序」としてとらえ直すべきではないか。

(2) 公序良俗論の役割

民法の公序良俗論は、まさにそのような意味で、権利や自由の意味とその射程を問い直す格好の場にほかなりません。民法というと、何か細かい、ちまちました問題だというイメージが持たれるかもしれませんが、民法には、実はこういう大きな、言葉の真の意味において「基本的な」問題があります。それを少しでも伝えることができたとするならば、私が今日ここでお話ししたことになにがしかの意味があったのではないか。そう信じて、私のお話を終えることにしたいと思います。

② 民法における公序良俗論の現況と課題

参考文献

末川博「公序良俗の概念 —— 民法第 90 条について」同『続民法論集』（評論社、1962 年、初出 1922 年）11 頁

我妻栄「判例より見たる『公の秩序善良の風俗』」同『民法研究Ⅱ』（有斐閣、1966 年、初出 1923 年）121 頁

我妻栄『新訂民法総則』（岩波書店、1965 年）272 頁以下

星野英一「現代における契約」同『民法論集第 3 巻』（有斐閣、1972 年、初出 1966 年）1 頁

星野英一「契約思想・契約法の歴史と比較法」同『民法論集第 6 巻』（有斐閣、1986 年、初出 1983 年）201 頁

大村敦志『公序良俗と契約正義』（有斐閣、1995 年、初出 1987 年）

大村敦志「取引と公序」同『契約法から消費者法へ』（東京大学出版会、1999 年、初出 1993 年）163 頁

山本敬三『公序良俗論の再構成』（有斐閣、2000 年、初出 1995 ～ 99 年）

川島武宜＝平井宜雄編『新版注釈民法（3）』（有斐閣、2003 年）132 頁以下［森田修執筆］

川井健『民法概論Ⅰ〔第 3 版〕』（有斐閣、2005 年）138 頁以下

大村敦志「公序良俗 —— 最近の議論状況」同『もうひとつの基本民法Ⅰ』（有斐閣、2005 年）15 頁

山本敬三「民法における公序良俗論の現況と課題」同『契約法の現代化Ⅰ —— 契約規制の現代化』（商事法務、2016 年、初出 2005 年）96 頁

③ 質 疑 応 答

大村：この教室に、今、何人いるのでしょうか。誰か数えて下さい。14人いるということですが、開成の高校生が12名と、ほかに以前に私のセミナーに出てくれた開成OBの東大生が2人います。高校生は1年生がほとんどで、2年生が1人います。ですが、皆さん非常に高い能力を持っているので、鋭い質問が出せると思います。と言って、皆さんにはちょっと圧力をかけますが、せっかくの機会ですので、遠慮せずに質問してもらいたいと思います。誰からでも結構ですので、手を挙げてどうぞ。

学生A：いいですか、先に。

大村：君は大学生なので後で。高校生から先にどうぞ。

学生B：鋭くない質問なのですが、この内容は、大学だと大体何時間くらいかけてやるのですか。大分難しかったのですが、教えていただけると幸いです。

山本：まず、今日の前半の問題、憲法・私法関係論ですね。これを大学の授業で話すことはほとんどないですね。私は、担当が民法で、民法のオーソドックスな内容と考えられているものについて講義をしますので、このような何か枠を超えた研究に関わるような ── 先端的ではもはやないと思いますが ── 問題について、講義の中でお話することはほぼありません。さわりをほんの少し語るということはありますが、その程度です。したがって、前半部分につ

いてはあまり講義をしていないというのがお答えになります。

　後半の公序良俗に関しては、先ほど最初に言いましたように、私は今、1年生を相手に民法総則の講義をしているのですが、公序良俗はもちろん重要な問題の一つですので講義をします。ただ、大体90分の授業のうちの、そうですね、公序良俗だけだと50分、60分も話さないかもしれません。その程度ですので、今日はかなりそれを引き伸ばしたような形になっています。

　ご質問に対しては、今日の話を取り込みながら講義で話してはいますが、少し簡略化した形でお話をしているということになります。その意味で、今日は、普段講義で話せないことを聞いていただいたということになります。

大村：みんな少し安心したんじゃないかな。

学生B：ありがとうございます。

大村：では、中身についての質問を。どうぞ。

学生C：大村先生も折に触れておっしゃっている、「民法を持つという思想」というお話があったと思います。もちろん専門の方々ではないので言及されることはおそらくないだろうと思いますが、例えば刑法でも、人々の間の秩序形成というような話ですし、例えば、市民社会の中の一つの作用として国家とか警察権力といったものを位置づけることによって、ある種、一般的な法というような位置づけにとどまらない、社会を形成する基本法としての位置づけを期待することもできるとは思うのですが、その中において、民法典というものがなぜそのような特別な位置づけを担っていると考えられるのかということをお伺いしたいと思います。

110

3 質疑応答

山本：ありがとうございます。非常に鋭い質問で、どう答えたものかというところですけれども、上手く最後までたどり着けるかどうか分からないのですが、前提をいくつか説明してたどり着いていきたいと思います。

まず、刑法のお話を少し最初されましたが、刑法と民法がどのような関係に立っているかというところからお話を始めたいと思います。

刑法は、確かに、様々なタイプの犯罪がありますが、民法と似かよったところがないわけではありません。例えば殺人や傷害もそうですし、窃盗、詐欺・恐喝、横領、それから、毀棄・隠匿などなど。そういう、国民というか、市民というかが、他の国民というか、市民というかに対して何らかの侵害行為に当たることをする。そこは、民法でも、今日のお話の公序良俗の中でも出てきましたし、あるいは、侵害を受けた人が損害を被っていると損害賠償請求をするとか、そのような侵害をするなと求めるというようなことが問題になりますので、その状況自体は重なる面があります。

ただ、刑法が目的としているのは、そのような、侵害だけではないですが、望ましくない行為がされたときに、そのような行為が行われることを防ぐため、ないしは、多くの人が「これはひどい」と思っているその感情に応えるためという面もあるかもしれませんが、そのために、国家がその行為をした人を処罰する。つまり、その意味では、国家とその侵害行為ないしは違反行為をした人との関係が問題になります。もっぱらそれのみが問題になっているという点が刑法の特徴で、これも広い意味では、今日お話しした公法の問題に属する事柄です。

そのような形で、国家が刑法にしたがって処罰をし、刑罰権を行

使するわけですが、そういったことをするのは、先ほど言いましたように、そのような望ましくない行為が行われるのを防ぐため、その意味で社会の安定、あるいは国家・社会の安定を図るため、ないしは、国民、あるいは、国民に限らないのですが、人々の間にある、「これはいけない」、「これはひどい」、「このようなことを許すべきではない」といった人々の思いや感情に応えるためです。あくまでも国家とその行為をした人との間の関係に関わる法で、国家・社会の広い意味での安定を図る。そのような法ですね。

それに対して、民法は、私の立場は後回しにするとして、記号を使った方がわかりやすいでしょうね。侵害を受けた人をX、侵害行為をした人をYとすると、XがYによって侵害を受けている場合に、このXとYの間の関係についてどのように問題を解決するかということを扱う法である。その意味では、国家とX、国家とYの関係の問題ではなくて、XとYの間の関係、つまり社会に生きる人々の生活や経済活動、その他の広い意味での生活や活動を直接規律する法である。それが民法であって、社会の中で人々が活動していくための規範を扱う法である。したがって、刑法は、国家が直ちに出てくるもので、国家と国民ないし市民の問題であるのに対して、民法は違う。これが多くの一般的な考え方だと思います。

刑法の問題は、国家権力が個人に対して処罰をするということですので、それが野放図に行われてしまうと大変なことが起こってしまいます。個人の権利が風前の灯になってしまいます。したがって、国家の行為を制約する、あるいは縛るといったことが重要な課題になってきます。

民法は、直接的にはそのようなことが問題にならないように見えます。その意味では、社会における人々の間の規範をどのように整

③ 質疑応答

備することが望ましいのか、という形で、多くの民法学者は議論しています。したがって、社会の安定や社会の規範を扱う面で重なる部分はあるにしても、異なるというのが多くの考え方だろうと思います。

ただ、私自身の考え方は、先ほど申し上げましたように、民法の問題は、XとYの関係のように見えるけれども、国家が民法という法律を作ったり、あるいは、国家が裁判を行うということが問題になり得る。そのような場合に関して言うと、法律を作る場面でも、裁判をする場面でも、Xと国家の関係、Yと国家の関係がやはり問題になる。そういう意味では、XY間の関係だけではない。Xと国家、Yと国家の関係が問題になるかぎりでは、国家権力を縛るとか、国家権力がなすべき責務ということがやはり問題になってくる。これは、憲法に関わる問題ではないか。

そのような面で、憲法による拘束や要請が同じように働き、刑法と重なる面がある。そこでは、憲法が何を要請しているかということ、何を保障しているかということをよく考える必要がある。

私の場合は、日本国憲法を前提にして、先ほどリベラリズムと言いましたが、その思想を最大限実現するような形で憲法による要請なり拘束なりを考えるべきである。このように、他の人とかなり違ったことを考えていますので、お答えがかなり難しいのですが、強いて言えば、この憲法による要請なり拘束なりは、かなり幅のあるものなので、民法は、その枠の中でさらに基本的な事柄を定めている。その意味で重要であるということになると考えています。

民法がなぜ特別な位置づけになっているかという点についていうと、社会におけるXやY、さらに社会における人々がともに生きていくための規範、そして社会の人々の活動を促進するための基礎

となる規範を扱うものであって、社会の基本法を扱っているものである。そこに国家がどう関わってくるかという点に関しては、人によってかなり理解が違ってきますが、社会のベースに当たる法を民法は担当している。その点で重要な法であるということではないかと思います。

　すみません。長々としゃべった割に全く答えになっていませんが、ご容赦ください。

学生C：そうですね、例えば、昨今の政治的な意識などの変化も受けて、例えば刑法の方でいうと、いろいろと条文なども変化していると思います。日本国憲法を土台として置いたときに、先ほど前半でお話もあったと思いますが、流動的といいますか、意識的な規範を直接的にくみ上げていくという作用を法律によって行って、それが固定的な人権概念で総括できるというのが憲法の役割だという作用を考えると、憲法も社会の中での基本権の意識の形成という意味では、あまり差異がないように、つまり両方の間で実質的な差異がないように私には見えてしまうのですが、どうでしょうか。

山本：ありがとうございます。おっしゃっているのは、大村先生の考え方ではないかと思います。これも前提の捉え方によるのですが、ここではそれを外して、もっと一般的に私なりに整理してお答えをしますと、憲法も含めて、民法ももちろんそうなのですが、多くの人のイメージでは、法律で、あるべきこと、問題についての答えがすでに定まっている。その定まっていることに違反する人がいたりするので、それ対して、定まっていることにしたがって裁判などで判断を下す。これが法律の一般的なイメージではないかと思います。

③ 質疑応答

　ところが、すでに大村先生からも十分習われたと思いますし、また、今日のお話でも出てきましたし、ほかでも出てくることなのですが、実は、ある問題についてこのように考えるべきである、ないしは、こうすべきであるということが定まっていない、ないしは、十分に定まっていない問題は山のようにあります。

　それは、刑法でもあるわけですが、刑法の場合は、先ほどお話ししましたように、国家権力を勝手に行使しないように縛らないといけないので、刑罰を定めた法律を作って、それでないと処罰をすることができないようにする。このような縛りがかかってきますので、刑法で自由に何かを作り上げるというのは容易ではなくて、むしろ立法でしないといけないという制約がかかります。

　それに対して、民法の場合は、そこまでリジッドではなくて、人々が考えていること、ないしは、人々の社会意識をくみ取りながら民法の規範を形成していくということは行われているし、今後も行われていくのだろうと思います。

　この点は、実は憲法でも同様でして、今日ご紹介した幸福追求権は、それだけでは何も決まってないといえば何も決まっていませんね。何を幸福と考え、それを追求するかという権利を保障しているわけであって、幸福追求権に何が含まれるかというのはオープンです。もちろん、みんながすでに、これも幸福追求権の一種であるということが定まっているようなものはあることはあるのですが、それも今後の人々の意識によって変動していく可能性が高いし、現に変動しています。

　例えば、プライバシーでも、そのようなものが権利として全く承認されていなかった時代がかつてはありました。それが、憲法13条を通じて、徐々に確立し、定着していって、今ではこの権利があ

ること自体はもう疑われない状態になっている。その意味で、法が動いていくという側面、形成されていくという側面、そこで人々の意識がくみ取られていくという側面は、憲法でもみられます。

　ですから、民法が流動的な部分を主として担当して、憲法は固定的になっているというのも、少しと違うと思うのですね。憲法もやはり流動していく側面が同じようにあって、その意味では、どの法がどうという役割分担ではなくて、民法も憲法もそのような生成していく、流動していくという側面は同じようにあると考えられます。

　そのようなものを認めるというかぎりでは、恐らく大村先生と私、あるいは、他の人たちもそう大きい違いはないというご指摘はそのとおりではないかと思います。ただ、刑法は、先ほど言いましたように、縛りがあるので、そこは民法と同じようには行かない。立法かないとどうしようもないという側面があるのではないかと思います。

　ただ、民法の中でも、大村先生がご苦労されているような、家族の問題は、法律で決めないことにはどうしようもない問題もありますので、人々の意識にしたがってどのように法形成をしていくかという点については、刑法と似た側面もないわけではないかもしれないと思います。分野によると言うべきでしょう。すみません。これも答えたことになっているかどうか。お許しください。

学生Ｃ：大変よく分かりました。勉強になりました。ありがとうございます。

大村：それでは、続けて他の方あれば、お願いします。大きい声でお願いします。では、ちょっとＡ君を間に挟みましょう。さっ

③ 質 疑 応 答

き手が挙がっていたので。大学生ですが、すみません、質問させてください。

学生A：申し訳ないです。2点質問で、1点目は前半と後半に分かれてしまうのですが、民法のところでの内容形成、保護義務、支援制度というのは、多分、憲法を持たなくても、具体的な内容形成をされた時点で、保護だとか支援というのは要請されるのではないか。つまり、憲法と民法でいうところの下の部分は、民法内在的に完結するのではないかというような気がしています。

　それが具体的な問題とどう関わっているかというと、例えば、一定の法的構成は、憲法から導くというのでは難しくなるのではないかと思います。例を挙げると、差止めを絶対権によって一律に認めるというような法的構成は、それぞれの人がそれぞれ自己決定権を持って対峙しているという中では採用しにくいのではないかと思います。

　そうすると、憲法を最初に基底に据えると、ローマ法以来かどうかは分からないですが、民法により内在的に出てきた理論は制限されるのではないかというような疑問があります。これが1点目です。

　2点目は、公序良俗のところに関わるのですが、具体的な公序の内容として、目的の重要性だとか、当事者間の信義だとか、また、侵害の程度というのが出ていました。このうち、目的の重要性というのは、おそらく基本権の内容とか保護とか支援とか、どれだけ距離があるかというところから決まるのではないかと思います。それに対して、あとの2つは、どちらかというと、基本権が保護されていることを前提とした上で、社会に委ねていく中で形成されて、

相場が固まってくるようなものなのではないかと思います。例え
ば、職業選択の自由などで、転職がどれだけ認められるかというの
は、社会に委ねて初めて分かるのではないかというような気がしま
す。

　そうすると、秩序というものは、個人から見ていては観察できな
いということはないと思いますが、社会からスタートして秩序を捉
えないと分からない部分があるのではないかと思いました。これが
2点目の質問です。

山本：どうもありがとうございました。1点目は非常にいい質問を
していただいて大変ありがとうございます。2点目もそうですが、
1点目に関しては特にそうです。

　要するに、おっしゃっているのは、民法に関わる問題について憲
法を持ち出す必要があるのか、かえって有害ではないか、分かりや
すく言うと、そういうご指摘だったのではないかと思います。

　まず、必要があるのかという点に関して言いますと、先ほど差止
めの話を持ち出されましたが、これは非常にいい例です。民法を勉
強しないとわからない問題ではあるのですが、現在の民法典では、
権利などが侵害されたときに、正確には故意又は過失によって侵害
されたときに、それによって生じた損害を賠償する権利を認めると
いう規定が、民法709条という有名な規定で定められています。
これが不法行為制度ですが、このような損害賠償を認めるという規
定は民法典に置かれているのですね。

　ところが、権利が侵害されているときに、所有権でもそうです
し、人格権、プライバシーや名誉もそうなのですか、侵害を受けて
いるときにその侵害をするなと求める差止めを認めるという規定は

③ 質 疑 応 答

どこにも書かれていないのですね。民法のどこにも。

　それで、裁判所の対応は、最近はかなり変わってきましたが、当初は法律に書かれていないとなかなか発動できない。所有権の侵害はさすがに差止めを認めてきたわけですが、それ以外のプライバシーなどの新しい権利と言われるものについては、なかなか踏み込みにくい、躊躇するところが多かったと思います。

　それに対して、憲法を持ち出すことの意味は、これは先ほどの基本権保護義務なのですが、国家は、個人、つまりＸがＹによって基本権の侵害を受けていたときには、黙って見ていてはだめである。その侵害からの保護を少なくとも最低限与えなければならない。そういう義務を憲法上負っている。したがって、裁判所も、国家の機関である以上、立法府が民法典に差止めを規定していないけれども、だからといって、侵害からの保護、少なくとも最低限の保護すら与えないというのでは、基本権保護義務に違反している。だから、これは法形成をしなければならないということを後押しする。そのような意味を私自身は認めています。

　民法内在的に認めるということでよいではないかといっても、いろいろな議論があります。それに対して、いや、民法内在的に時間をかけて議論しましょうではなくて、最低限の保護を与えなければならないので、これは今すぐ認めるべきである。そのような実践的な意図があります。

　それが有害かどうかというご指摘ですが、基本権の侵害があれば直ちに保護が認められるとは言ってはいません。それは、先ほども何度も言いましたように、国家は確かにＸをＹによる侵害から保護する義務を負っているけれども、保護を与えると今度は国家がＹの基本権を制約する、侵害することになる。そうすると、それが過

大なものになることは許されないということが出てきます。

　したがって、過剰な介入にならないようにするためにはどのように判断を行うべきか、どのよう場合であれば過剰な制約になり、どのような場合であればそうでないのかということを判断する必要が出てくる。

　そのための判断基準が、公法の領域では「比例原則」と言われているもので、詳細は立ち入りませんが、そういった枠組みが一般に承認されているとするならば、この問題についても比例原則にしたがった判断を行わなければならない。絶対権を認めるということとは違うということを、1点目については指摘しておきたいと思います。

　2点目は公序良俗に関することですが、おそらく、基本権の保護は全く無視すべきだとおっしゃっているわけではなくて、認められるとしても、どれだけの、どのような内容の基本権を認め、どこまでの保護を認めていくかということに関しては、基本権自体から必ずしも出てくることではなくて、社会に「委ね」──「委ねる」の意味は少しわからないところはありますが──、社会の人々のコンセンサスといいますか、そういったものに委ねていかざるを得ない面があるのではないか、というご指摘ではないかと思いました。大村先生のご見解が、少なくともそれと重なる面があるのではないかと伺いました。

　これは、私も全く否定するところではないですね。今日の前半の最後でも、そして後半の最後でも言いましたように、権利論、あるいは基本権に立ち返った検討をすべきだということを言いましたが、権利論にとっても、どのような権利をどこまでどう保障するかというメタレベル、1段上のレベルでの問題があって、これ自体は

③ 質疑応答

国家・社会の約束事に属する事柄です。もちろん、それを憲法は定めてはいるのですが、先ほども言いましたように、憲法自体が全部明文で定め切っているというものではない。そうすると、私たちの国家・社会の約束事として、どこまでの基本権をどのようにどう認めるかという問題があるということ自体はおっしゃるとおりです。

ただ、それが民法固有の問題かというと、私にはあまりそう見えなくて、どのような基本権をどのようにみんなで認め合っていくかという問題として議論すべきではないかと思います。すみません、誤解しているかもしれませんが、一応そうお答えしておきます。

大村：続きがあるの？

学生A：いいですか。

大村：どうぞ。短くね。

学生A：どちらかというと関心は、それはやはり社会全体を観察しないと分からないのではないかというか、メタレベルで最初に個人というのをスタートにしたときに、ちゃんと見えるのかというところの疑問がまだやはり残ってしまうので、そこについてお聞きしたいです。

山本：社会全体を観察しないといけないということの意味によるのですが、私の伝えようとしたことが、おそらく言葉がおかしくてうまく伝わっていないだけなのではないかと思います。

段階を追って言いますと、私にとって一番基本のレベルは、権利論というか、権利を、あるいは、基本権を他の社会的な目標 —— 政策と言ってもいいかもしれませんが —— 、集合的な利益によっ

て犠牲にされてはいけないという、根本的なレベルでの立場決定、その意味での権利論を取るか取らないかです。

次に、この権利論を取るとすると、第2段階として、その意味での権利、あるいは基本権とはどのようなものかということが次の問題となります。

この基本権というものが定まったとして、さらに第3段階として、その内容を国家は —— 国家とは限りませんが —— どのように形成していくか、あるいは、それが侵害されたときにどのように保護するか、あるいは、基本権をどう支援していくかということが問題となります。

このように、第1段階、第2段階、第3段階という問題があるわけですが、私が先ほど答えたつもりだったのは第2段階のレベルです。権利論ないしは基本権を尊重するという立場決定をした上で、では、どのようなものをその基本権として認めるのか、認めることができるのかという前提問題があるということです。

基本的には、憲法が定めているといえば定めているのですが、先ほどから何度も言っていますように、憲法自体が明示的に定め切っているわけでもなく、また、憲法自体も、社会や国家の変化に応じて、その内容が新たに形成されていくという側面がありますので、そこでは、社会と言うかどうかは別として、人々の考え方、コンセンサスに応じて決まっていくという側面があるということです。

したがって、個人からスタートしてというよりも、この第2段階のレベルでは、どのような権利を認め合うかという問題は、個人の問題ではなくて、社会や国家、あるいは、大村先生の言うレス・プブリカ（*res publica*）の問題なので、広い意味での社会や国家の問題として位置づけられると申し上げているつもりです。

③ 質疑応答

　おそらくですが、おっしゃっているのは、第1段階が本当に「それでいいのですか」ということではないかという気がするということだけ付け加えておきます。

大村：まだある？

学生A：大丈夫です。

大村：はい。ありがとうございます。他はいかがですか。どうぞ。マイクが遠いので、大きい声でお願いします。

学生D：公序良俗の後半の話の部分ですが、当初は、契約の自由が原則で、例外として公序良俗があったというところから、公序良俗が根本的な理念になったという話があったと思います。この話の部分の最後のところで、そうなのだけれども、実際に判例としては、そのような意味で公序良俗が出てくることがあまりなかったということが次の話であったと思います。この理由がどういうものかというのがちょっと気になったのですね。そういう考え方が浸透しているのかなという感じの流れだったと思いますが、その流れの中で判例が変わらなかったというのは何でなのですか。

山本：ありがとうございます。今の質問は大村先生に聞いていただく方がいいのではないかと思うのですが、非常に鋭いご指摘で、大したものだなと思いながら聞いていました。

　我妻先生がこういう考えに当たるものを強く主張されたのは、先ほどのレジュメのどこかにも出ていたと思いますが、1920年代あたりです。1920年代というのは、第一次世界大戦が終わった頃ぐらいです。その頃を境にして出てきたお話で、それはもちろん第一

123

次世界大戦前からの社会・経済、あるいは世界情勢を踏まえてのものだったということができます。

　それはどのようなものだったかというと、日本は、明治時代に入って大急ぎで近代化しようとして、1896年に何とか民法典を作ったわけですが、おおむね19世紀に作られた法ないし民法というのは、近代市民社会の法、途中でも何度か出てきたキーワードの一つですが、所有権を中心とした市民の権利・自由の保護を基軸にすえて形成された法であったと一般に理解されているものです。

　しかし、我妻先生に関して今日もお話したとおり、これをそのままにしていると、結局、強者による弱者の搾取ないしは契約の押し付けなど、予定していなかったような様々な問題が噴出することになった。それが、19世紀末から特に20世紀入った頃で、それにどう対処するかということが問題となってきました。このような状況が、当時のヨーロッパ、とりわけドイツなどでは深刻な問題として受けとめられていました。我妻先生は、そうした動きを受けとめて、個人本位の法律観から社会本位の法律観、個人主義から協同体主義への転換ということを主張されたわけです。

　我妻先生によると、その転換というのは、私にはあまりそうは見えないのですが、第一次世界大戦後にドイツで作られたワイマール憲法に表れているし、その後ナチスのもとでの動きにも表れているということです。我妻先生によると、ナチスには大きな問題があるけれども、その中にも我妻先生の立場からは取るべきものもあるというようなこともおっしゃっていました。あまりそうは見えないところもあるのですが、ともかく、そのような転換を強く、熱く説かれました。

　これは、我妻先生だけではなくて、東京大学の刑法の有名な牧野

③ 質疑応答

英一先生などの方々も、個々的にはかなり違うのですが、方向としては同じようなことを説かれました。それが、戦前のこの時期における学界の潮流ですね。末川先生はかなり違うと私は思いますが、このかぎりでは同じような方向を説いておられました。

しかし、なぜ裁判所がそれによって影響を受けなかったかというのは、これは非常に鋭い質問ですね。後で大村先生に補足していただきたいのですが、戦前の裁判所の姿勢は、これはきちんと、こんな印象論ではなくて、きちんと調べてから言わないといけないことなのですけども、法律で定まっている事柄に関してはできるかぎりそれにしたがって判断していくという、これを実証主義というのですが、制定法実証主義という考え方がかなり浸透していたのではないかという気がします。

裁判官が自由に法を作っていくという動きは、ドイツでは見られたのに対し、日本では、社会立法に関わるような部分については見られたように思いますが、全体としてはそのような形では動かなかったのではないかと思います。

その意味では、制定法実証主義というか、「法律にしたがった判断」という姿勢が、当時の 1910 年代ぐらいまでに形成された。少しリジッドなタイプの、民法を注釈的に解釈して、ドイツの理論を考慮して形成されつつあった法体系に準拠した判断が行われていたのではないかという印象があります。

もう一方で、さらに、今日お話したとおりですが、これはおそらく、外国人からは少し意外に思われる部分ですが、裁判実務では、契約の自由がかなり重視されていて、契約の自由に対する介入は行われているのですが、それに対する抑制的な態度がうかがえるように思います。

このような姿勢や態度がなぜ裁判所において形成されたかというのは、よくわからない面があって、これは面白い研究課題かもしれません。ただ、傾向としてはそうであって、つまりは学説と実務が、少なくとも連動していなかったということですね。それは戦後もずっとそのような面があるのですが、この当時においてすでにそうだったような気がします。大村さん、いかがでしょう。

大村：ありがとうございます。すごく難しい問題で、私も推測を述べることしかできないですが、もし他に質問なければ少しだけ私の推測を述べたいと思います。しかし、まずは皆さんの発言の機会を確保したいと思います。

　ほかに何かありますか？　ぜひ、高校生の人で誰か、もう１問ぐらいありませんか。ないですか？　では、Ｅ君、どうぞ。

学生Ｅ：２点言います。実質的には１点になりますが、秩序は誰が、どのようにして形成するのか、あるいは、尊重される基本権の割当てを決めるのは誰であるのかということに関してお聞きしたいと思います。

　問題意識としては、まず大村先生の憲法と民法の関係性に関する考察によりますと、結構政治的な側面というのが表れている。具体的に申しますと、民法が憲法を規定するのと同時に、また、民法が形成する市民社会が憲法に対して反映される、それが恐らく慣習という形で反映されるものなのだと思います。この状況を踏まえてまず、山本先生はどのようにお考えなのかということをお聞かせいただければと思います。

　次に、２点目ですが、尊重されるべき基本権の割当てを決めるのは誰かということに関して、これはおそらく、私人間の領域におけ

③ 質 疑 応 答

るリベラリズムに関しては、一定程度権利論における秩序の問題と
おっしゃっていたように、公共の福祉によって制約されるものであ
ると思いますが、公共の福祉を決めるのは基本的には法であって、
慣習というものを考慮事由として捉えるというのは少し難しいので
はないかと思います。よろしくお願いします。

山本：ありがとうございます。早く大村先生の答えを聞きたいので
手短にしたいと思いますが、手短にはなかなか答えにくい質問で
す。

　1点目に関しては、おそらく先ほど申し上げたことの繰り返しに
なってしまうと思います。基本権の割当ては誰が決めるのかという
のは、もちろん憲法が決める。法としては、憲法が決めているとい
うことなのですが、憲法自体の内容が先ほどお話ししたようなもの
だとすると、それもまた内容形成が必要であり、それが時代ととも
に変化していく可能性があります。

　基本的にはやはり、ここでは国民と言うべきかもしれませんが、
そのコンセンサスによって決まっていくべき事柄なのだろうと思い
ます。裁判所が決めるというよりは、そのコンセンサスを裁判所が
言葉に表していくというものではないかと思います。

　その意味では、「社会が決める」というようにおっしゃっている
見解と、そのかぎりでは重なることになります。ただ、違うのは、
先ほどもお話しした第1段階ですね。そこでの立場決定があるか
ないかというのは大きな違いではないかと思います。

　2点目は、これも非常に興味深いご指摘ですが、公共の福祉とい
うものをどう理解するかというのは、憲法の勉強をされれば議論が
あるということ自体はおわかりになるだろうと思います。

これは昔の憲法の理解なので今では修正が必要なのですが、大きく分けると２つの考え方がありました。１つは、国家・社会の秩序、あるいは集団的・集合的な利益といったものが基本権に対する枠づけになってくるという理解です。

　もう１つ、最近どこまで維持されているか怪しいのですが、そのようなもので簡単に制約されるようなものは基本権ではない。そうではなくて、基本権というのは、先ほども何度も出てきましたように、衝突し得るものである。そのような衝突し得るものであるがゆえに、その間の調整を図らざるを得ない。それが公共の福祉である。つまり、基本権の保障システムに内在する、どうしても行わなければならない制約が存在するのであって、それが公共の福祉によって行われている。公共の福祉とは、基本権の調整を図るための考え方を言葉に表したものである。このような理解があって、権利論と親和的なものです。

　ただ、この制約に当たる、あるいは、基本権の調整に当たるものも、もちろん先ほど言いましたように、比例原則などによって枠付けは行われますが、答えは１つには定まりません。いくつも答えが許容可能なものとして提示されて、そのどれを選ぶかは、基本的には、先ほどと結局一緒になるかもしれませんが、裁判所がもちろん最終的な判断を行うわけですけれども、そこでは人々のコンセンサスをベースにしながら判断をしていくことになる。

　その意味では、私は慣習ではないように思いますが、公共の福祉の内容も、今言ったような意味で、人々のコンセンサスによって最終的には決まるものなのだろうと思います。

学生Ｅ：すみません。お答えありがとうございます。

③ 質疑応答

　以上を踏まえてお聞きしたいのが、国家と社会が並立するとなると、あるいは異なるものであると考えると、国家というのはかなり純粋に政治的なものであるというふうに考えざるを得なくなると思います。政治的な、その基礎にある社会的な事情は弾かれて、裁判所がくみ取りにくいとしますと、おそらく国家と社会をある程度融合した市民社会というものを前提にした方が議論の据わりがいいのではないかと思います。国家と社会を分岐したまま捉えることは果たして可能なのでしょうか。

山本：前半で申し上げたと思いますが、憲法の位置づけ、そして、国家の位置づけに関する見方がおそらく憲法学者と私はかなりシンクロしていて、国家は、政府、裁判所を含めて、国家機構として存在している。これが権力を持っているわけですね。その権力は何のために使うかというと、私の考え方によると、基本権の内容を形成したり、侵害からの保護あるいは支援をしたりするためです。

　いずれにしても、国家機構と、市民 X 及び Y、これは X_1 から X_n、Y_1 から Y_n というたくさんの人たちからなっていて、それが何か社会を構成しているのかもしれませんが、そうしたたくさんの市民 X 及び市民 Y と権力を持っている国家機構が対峙する面、ないしは支援、保護をする面というのがあって、この三角関係を外して考えるべきではない。

　なぜなら、憲法は、国家がしてよいこと、してはいけないことを枠付ける法であって、国家の中に憲法があるのではなくて、憲法が国家を形作っている、国家を枠づけている。それが憲法の本来の意味であると考えられます。

　そういう見方を取っていると、国家と社会の二分論という物の見

方をどうもしていないように思います。国家というのは国家機構であり、国家権力を持っているものであって、何かをするために作られているものであり、したがってしてはいけないこともあわせて枠づけられているものである。それを枠づけているのは憲法である。答えになっていないような気がするのですが、そういう物の見方で考えているということを一応お答えしておきます。

学生 E：ありがとうございました。

大村：ありがとうございます。まだ質問あるかもしれませんが、大分長くなりましたのでこのぐらいにさせて頂きたいと思います。先ほど山本さんから投げかけられた問いへの応答も含めて、最後に、お礼を申し上げたいとに思います。

　1920 年代の学説が公序良俗の根本規範性を説いたにもかかわらず、判例はそれに付いていかなかったのではないかという問いは、ある意味で、学説の影響力に対する疑念が参加者から投げられたということなのかと思って伺っていました。

　この問いに対して、根強く存在する考え方があって、それを打ち倒すことができなかったのではないかという山本さんのお答えがあったと思います。私もそういう面が多分にあると思います。かつては、官僚法学などということが使われることがありました。

　ほかにこういうこともあるのではないかと思ったのは、その根強い考え方も何らかの学説に由来しているというところがあるのかなということです。ある時期の学説の考え方というのがあって、それが裁判官に深く浸透している。1920 年代には新しい考え方が出てきたのだけれども、これが浸透していくには時間がかかるのだろうと思うのです。

③ 質疑応答

　裁判官たちは前の時代の教育を受けて、その考え方でやっているので、1920年代の考え方、新しい考え方が浸透していくのに、例えば20年とか30年かかるということにもなる。ところが20年後30年後に、いまの問題との関連では戦後になると、私たちの社会は大きく変わっていて、1920年代の初めのような考え方はもはや維持できないと感じられるようになっていたのではないか。仮に、そのまま順調に来ていれば影響力を持ったであろうかつての末川説のようなものが、体制の急速な変動によって、当時の法律家たちに受け止められなくなってしまった。そうした面もあるのかなと少し感じました。

　しかし、基本は、山本さんがおっしゃったようなことではないかと思って伺っておりました。ただ、これも感想にすぎなくて、どうしてそうなのかということについて本当のところは、民法学に何ができるのかということと併せて、十分に考えていかなければいけない問題であろうと思って伺いました。

　全体を通じて、今日のお話は本当に面白くて、興味深い内容だったと思います。高校生の人たちは学校で憲法というものを教わっている。タイムラグがあるので少し古い考え方が教えられていると思いますが、そうしたひと昔前の憲法観とは違う憲法観を山本さんは示された。これに対して投げかけられた問いには、「いやしかし、憲法ってそういうものだったんでしょうか」という、古いタイプの憲法観が含まれているように感じました。

　もうひとつ、若い人たちは中学・高校で型どおりに教えられる憲法というものについてある種の疑いを抱いているところがあります。特に、開成の諸君にはそういう人が比較的多いではないか。そういう気持ちがあって、「本当なのだろうか」という構えで聞いて

いるところがあったように思います。ここにいる人たちはみんないい意味で生意気な人たちで、そこが私は好きなのですが、なかなか「説得された」とは言わない人たちです。しかし、今日は、学校で聞いている憲法とは違うお話を伺って、聴講された皆さんの法に対する見方は非常に広がったのではないかと思い、とても感謝をしています。

　私自身も、今日の話は非常に面白く伺いました。何といいますか、山本さんと私の考え方のどこが同じでどこが違うのかということを、私はこれまでずっと考え続けてきましたので、おっしゃったことの中でそうだなあと思うところが多々ありましたし、こういう説明になるのかと思うところもありました。興味深かったのは、山本さんの考え方だけでなく、私自身も含めて他の人たちの考え方についても説明して頂いたので、山本さんと私はもちろん、他の人たちと私、あるいは私たちはこういう関係に立つのだということを改めて示して頂いたように思います。なるほどと思って非常に感銘を受けました。ただ、完全に納得してしまってよいのか、ということは、改めて考えてみたいと思います。いずれにしても、とても重要な問いを投げかけられたように感じており、機会を見つけて私の側からのアンサーを試みてみたいところです。

　それと、もう１つあって、山本さんの今日の話は前半、後半が非常に一貫した話になっていました。皆さん、そう感じて聞いていたと思います。繰り返しになりますが、先ほども触れましたように、この人たちは「生意気な子どもたち」、フランス語でいうアンファン・テリブル（*Enfants terribles*）なので、一貫しているものに対しては本当だろうかという、疑念を持つところがある。私のようにあちこちで破綻している話は、先生が考えてもあの程度だねと

③ 質疑応答

思って、まあ仕方がないかと思ってくれる、たかをくくられている
わけですが、そういうところがあると思っています。今日、お話を
聞いていて、山本さんのお話の前半に対応する私の議論と、後半の
お話に対応する私の議論を、私は山本さんのように上手く接続でき
るだろうかと考えました。そこを明らかせよという問いを間接的に
投げかけられたような気もします。こちらも一定の解答を出さなけ
ればならないと思っていますが、ある程度の一貫性を保った考え方
が出せたとすると、今度は開成の諸君から、それって本当ですか、
という問いを投げかけられそうな気もしています。

　皆さんにとっても、そして私自身にとってもそうですし、ことが
らに対する理解が非常に深まったのではないかと思います。理解が
深まったというのはそれで納得するということではなくて、この
先、今日の話を踏まえて考えるとどうなるかという問いを、自分の
中に持つことができたということだと思います。何か学び、理解す
るというのは、そういうことなのではないでしょうか。専門の学者
になる人は少ないわけですが、社会で生きていくときに、そうした
学びの姿勢を身につけていくことの意味はとても大きいと思いまし
た。
　山本先生には、行き届いた準備の上で、非常に丁寧にお話いただ
き、また、質疑においても立ち入ったお答えをいただいて、「へー、
山本さんって、そう考えていたんだ」と思ったところもあって、非
常に面白く伺いました。改めてお礼を申し上げたいと思います。本
当にどうもありがとうございました。

山本：こちらこそどうもありがとうございました。

大村：それでは、長くなりましたが、ここで終わらせて頂きます。改めてお礼を申し上げます。山本先生、本当にありがとうございました。

〈著者紹介〉
山本 敬三（やまもと　けいぞう）
1960 年　大阪府生まれ
1983 年　京都大学卒業
現在、京都大学大学院法学研究科教授

主要著書
『公序良俗論の再構成』（有斐閣、2000 年）
『民法講義Ⅰ 総則〔第 3 版〕』（有斐閣、2011 年）
『民法講義Ⅳ-1 契約』（有斐閣、2005 年）
『契約法の現代化Ⅰ── 契約規制の現代化』（商事法務、2016 年）
『民法の基礎から学ぶ民法改正』（岩波書店、2017 年）
『契約法の現代化Ⅱ── 民法の現代化』（商事法務、2018 年）
Grundzüge des japanischen Schadenersatzrechts, Jan Sramek Verlag, 2018
Basic Features of Japanese Tort Law, Jan Sramek Verlag, 2019
『契約法の現代化Ⅲ── 債権法改正へ』（商事法務、2022 年）
『契約解釈の構造と方法Ⅰ』（商事法務、2024 年）

民法研究 レクチャーシリーズ

憲法・民法関係論と公序良俗論

2024（令和 6）年 12 月 10 日　第 1 版第 1 刷発行

©著　者　山　本　敬　三

発行者　今　井　　　貴
　　　　稲　葉　文　子
発行所　㈱信　山　社
〒113-0033 東京都文京区本郷6-2-9-102
電話 03(3818)1019　FAX 03(3818)0344
info@shinzansha.co.jp

Printed in Japan, 2024　　印刷・製本／藤原印刷株式会社

ISBN 978-4-7972-1136-8 C3332 ￥1500E

JCOPY 〈㈳出版者著作権管理機構 委託出版物〉
本書の無断複写は著作権法上での例外を除き禁じられています。複写される場合は、そのつど事前に、㈳出版者著作権管理機構（電話03-5244-5088、FAX03-5244-5089、e-mail: info@jcopy.or.jp）の許諾を得てください。また、本書を代行業者等の第三者に依頼してスキャニング等の行為によりデジタル化することは、個人の家庭内利用であっても、一切認められておりません。

民法研究レクチャー・シリーズの創刊にあたって

　平成の 30 年間は民法改正の時代であり、その末年には債権や相続、成年年齢や特別養子に関する改正法が次々と成立し、民法典はその姿を大きく変えた。また重要な新判例も次々と現れており、学納金事件、住友信託対 UFJ、NHK 受信契約、JR 東海事件、代理懐胎、非嫡出子の相続分、預貯金債権の取扱いなど、社会的に大きな注目を集めた事件も少なくない。

　こうした民法の変化の中に時代の変化を汲み取りつつ、民法学がなしうる・なすべきことを示すことによって、法学研究者や法律実務家に限らず、法学を学習する人々、さらには一般の市民の方々にも民法・民法学に関心を持っていただくことができるのではないか。そのためには、平成の 30 年間を通じて民法学界の第一線で研究を続けてこられた方々にお願いして、広い範囲の聴衆に対して、大きな問題をわかりやすく、しかし高いレベルを維持しつつお話ししていただくのがよいのではないかと考えて、本シリーズを創刊することとした。執筆をお願いした方々には、法学に関心を持つ少人数の高校生を相手にお話をいただき、これをもとに原稿を書いていただいたので、「民法研究レクチャー・シリーズ」と名づけることにした。

　『民法研究』は、広中俊雄博士によって創刊・編集されて、第 1 号から第 7 号まで（1996 年〜 2011 年）が刊行された。一時中断の後に第 2 集の刊行が始まり、現在のまでのところ、東アジア編として第 1 号から第 9 号まで（2016 年〜 2020 年）が刊行されている。これとは別にフランス編（ただし不定期）の刊行準備も進みつつある。そこでしばらく前から、広中先生と

のお約束であった理論編を企画したいと考えて始めていたが、「民法研究レクチャー・シリーズ」はこの理論編に相当するものとして立案したものである。

本シリーズは、2024年8月に道垣内弘人先生のレクチャーが刊行されたことにより、第2期に入った。第1期の4冊は間隔を置かず順調に刊行することができたが、山本敬三先生による本書の早期刊行によって、第2期についても望ましいリズムができつつある。ご多用のなか迅速に原稿を整えて下さった既刊書の執筆者の方々には、改めて厚く御礼を申し上げる。

憲法民法論・公序良俗論をめぐっては、1990年代を通じて、本書の著者である山本先生を中心に活気ある議論が交わされた。本書は、この議論空間の構造理解を示すものであり、山本先生だけでなく議論に参加した各論者の考え方の異同が鮮やかに整理されている。こうした形でなされた法理論・社会像の提示は、民法学のひとつの側面を代表するものとして、講演を聴いた若い聴衆に深い感銘を与えたが、当時、議論に加わっていた私自身も改めて大きな刺激を受けた。

本書の後に刊行が予定されているのは、（事情によって急遽行われた）私のレクチャーであるが、そちらは棚上げにして、本書によって触発されたことがらをまとめ、本書の著者に応答したいという思いが抑えがたい。しかし、シリーズの編者としては、刊行ペースの維持を図るべく、できるだけ早い時期に続巻をお届けしなければならないと考えている。

2020年12月／2024年10月

大村敦志

高校生との対話による次世代のための民法学レクチャー

◇学びの基本から学問世界へ◇

民法研究レクチャーシリーズ

不法行為法における法と社会
― JR 東海事件から考える ―

瀬川信久 著

法の世界における人と物の区別

能見善久 著

グローバリゼーションの中の消費者法

松本恒雄 著

所有権について考える
― デジタル社会における財産 ―

道垣内弘人 著

大村敦志 責任編集

民法研究 第 2 集

東アジア編 1～9 号

フランス編 1～3 号 近刊

信山社